前沿·学术·经典

经管文库·管理类

转变经济发展方式的科技创新支撑机制与绩效评价研究

Innovation Mechaniism and Performance Evaluation for Economic Development Mode Transformation

唐 龙／著

经济管理出版社
ECONOMY & MANAGEMENT PUBLISHING HOUSE

图书在版编目（CIP）数据

转变经济发展方式的科技创新支撑机制与绩效评价研究/唐龙著．—北京：经济管理出版社，2022.3

ISBN 978-7-5096-8321-7

Ⅰ.①转… Ⅱ.①唐… Ⅲ.①区域经济—技术革新—研究—山东 Ⅳ.①F127.52

中国版本图书馆 CIP 数据核字（2022）第 042395 号

组稿编辑：杨国强
责任编辑：杨国强
责任印制：黄章平
责任校对：张晓燕

出版发行：经济管理出版社
（北京市海淀区北蜂窝 8 号中雅大厦 A 座 11 层 100038）
网　　址：www. E-mp. com. cn
电　　话：（010）51915602
印　　刷：唐山玺诚印务有限公司
经　　销：新华书店
开　　本：720mm×1000mm/16
印　　张：13.25
字　　数：201 千字
版　　次：2022 年 8 月第 1 版　　2022 年 8 月第 1 次印刷
书　　号：ISBN 978-7-5096-8321-7
定　　价：98.00 元

序 言

发达国家近200年经济增长方式的演变，不仅经历了以数量型增长为主要特征的古典经济增长时期向以质量型增长为主要特征的现代经济增长时期的转变，20世纪70年代以来的现代经济增长时期更是经历了由集约管理型增长向知识创新型增长的转变。① 这种由粗放→集约→创新的经济增长方式转变总体特点，学术界将之概括为由要素驱动型经济增长方式向创新驱动型经济增长方式转变。这个经济增长方式转变的轨迹，为我国实现经济发展方式的转变指明了前进的方向。

创新作为一种现象，其历史与人类历史一样悠久。但是，作为经济发展理论的一个重要流派纳入学术上的研究，却是近百年的事。1912年由约瑟夫·熊彼特（Joseph A. Schumpeter）在《经济发展理论》一书中首次提出，后经纳尔逊（R. R. Nelson，1977，1983）、戴维·罗森伯格（David Rosenberg，1976，1982）、克里斯托夫·弗里曼（Christopher Freeman，1987）等注重创新的发展经济学家继承和发扬光大。创新经济学作为经济学科的一个重要分支，自20世纪后半期以来获得了长足发展，不仅有效地解释了全要素生产率增长的困惑和经济增长的重要源泉，更通过确立一些新的分析范式和研究方法，为我们解释现代经济增长的趋势和路径丰富了智识。这些研究成果，尽管没有直接阐述科技创新如何推进经济发展方式的转变，但其对科技创新的内涵、特征

① 王宏淼．发达国家经济增长方式二百年演变及启示［A］//张平，刘霞辉．中国经济增长前沿［M］．北京：社会科学文献出版社，2007.

和类型等系列论述，以及科技创新促进经济增长机制的分析与理论模型的建构，还有在创新绩效、产业发展等方面开展的实证研究等，为我们进一步研究科技创新对经济发展方式转变的支撑机制奠定了良好的基础。

“科技创新”与“转变经济发展方式”均是从中国改革开放实践层面提出的新兴词汇。加快转变经济发展方式是我国“十二五”时期的发展主线，是推动科学发展的必由之路。科技创新是《中共中央关于制定国民经济和社会发展第十二个五年规划的建议》提出的加快转变经济发展方式的五项要求之一。① 通过实现科技创新，切实发挥科技是第一生产力的作用来推动经济发展方式转变，不仅是适应近几十年来世界科技经济发展的新态势，赢得全球竞争优势的需要；也是我国实现可持续发展，建设创新型国家，全面建成小康社会的必由之路。

尽管自新中国成立以来，理论界与决策层均重视科技创新对经济发展的支撑作用，不仅将科学技术纳入中国现代化的历史使命，② 而且先后提出“科学技术是第一生产力”③ “科教兴国”④ “建设创新型国家”⑤ “实施创新驱动发展战略”⑥ 等一系列科学论断。但直接以科技创新与转变经济发展方式两者为

---

① 《中共中央关于制定国民经济和社会发展第十二个五年规划的建议》提出坚持把科技进步和创新作为加快转变经济发展方式的重要支撑（中共中央关于制定国民经济和社会发展第十二个五年规划的建议［M］. 北京：人民出版社，2010）。

② 1957年，毛泽东在中国共产党全国宣传工作会议上强调：“我们一定会建设一个具有现代工业、现代农业和现代科学文化的社会主义国家。”

1959年至1960年春，毛泽东带领部分理论家和工作人员到杭州，集体用1个多月的时间读苏联《政治经济学教科书》，在工作人员整理的《读苏联〈政治经济学教科书〉谈话记录的论点汇编》第七部分中，毛泽东提出：“建设社会主义，原来要求是工业现代化，农业现代化，科学文化现代化，现在要加上国防现代化。”这是毛泽东第一次完整地表述“四个现代化”的思想。

1964年12月，在三届全国人大一次会议上，周恩来代表国务院在《政府工作报告》中正式向全世界宣告：“今后发展国民经济的主要任务，总的来说，就是要在不太长的历史时期内，把我国建设成为一个具有现代农业、现代工业、现代国防和现代科学技术的社会主义强国，赶上和超过世界先进水平。”

③ 邓小平．科学技术是第一生产力［A］//邓小平．邓小平文选（第三卷）［C］. 北京：人民出版社，1994.

④ 江泽民．实施科教兴国战略［A］//江泽民．江泽民文选（第一卷）［C］. 北京：人民出版社，2006.

⑤ 胡锦涛．坚持走中国特色自主创新道路　为建设创新型国家而努力奋斗［J］. 中国科技产业，2006（3）：6-11.

⑥ 胡锦涛．坚定不移沿着中国特色社会主义道路前进　为全面建成小康社会而奋斗［A］//中国共产党第十八次全国代表大会文件汇编［M］. 北京：人民出版社，2012.

主题的研究主要还是在党的十七大以后，尤其是自2010年以来。从中国知网2008年以来所发表的20余篇相关主题研究文献看，国内关于科技创新对实现经济发展方式重要支撑机制的研究，主要停留在经验分析和决策建议层面，系统的理论探讨相当缺乏。

近年来，随着科技创新在经济发展中战略地位的提升，我国持续增加创新资源投入，创新能力稳步增强，全要素生产率和要素对经济增长的贡献率大大提高，已经成为具有重要影响力的科技大国。一是科技实力快速提升，科技人力资源总量、研发人员数量、发明专利申请量等主要反映科技实力水平的指标已经居于世界前列。二是科技水平整体跃升，某些领域正由过去的“跟跑者”变为现在的“同行者”，甚至能生产出一些居于全球产业链高端技术和产品的“领跑者”，在世界科技发展的大潮中赢得了一定程度的话语权。但是，我国的自主创新能力特别是原始创新能力还不强，精密仪器、关键技术、高端设备对外依存度仍然过高，重大科技创新成果仍然较少。特别是，以现代科技为支撑的世界名牌产品和名牌企业发展程度还远远不能适应建设世界创新大国的要求。因此，在经济发展的新常态和新阶段，科技创新支撑转变经济发展方式还有较大的提升空间。

鉴于上述分析，促进科技与经济的融合，以科技创新支撑经济发展方式转变，是全面建成小康社会攻艰时期的一项具有重大理论价值与实践意义的课题。我们着力于转变经济发展方式的三项主要任务和加快转变经济发展方式的五项基本要求，以及科技创新的特定政策内涵，借鉴相关学科理论研究的最新成果，在建立起科技创新支撑经济发展方式转变系统框架的基础上，梳理清楚其具体的支撑机制，系统设计一套有中国特色的科技创新支撑经济发展方式转变的成效评价指标体系，不仅能改善该领域研究多停留在经验提炼和对策研究的局限，进一步提升该领域理论研究的规范性和科学性；也能为深入落实“坚持把科技进步和创新作为加快转变经济发展方式的重要支撑”和“实施创新驱动发展战略”的重大战略任务提供有力的经验支持。

目　录

第一章　导　论

一、问题的提出

20 世纪 70 年代以来，以数据处理、信息技术、软件开发、互联网等为代表的新兴产业的兴起，不仅使发达国家通过确立新的主导产业获取了全球竞争优势，推动了一个新的经济时代来临；也通过这些新兴产业的发展带动了原有传统产业的升级，提升了发展质量，加快了产品更新周期，促进了经济结构的调整，使之焕发出新的增长潜力。理论界与决策层普遍认为，智力资本的投资已代替物质资本的投资成为经济增长最重要的来源。作为智力资本投资的重要结果，科技创新及其对经济增长的作用引起了学者高度的兴趣。

西方经典理论并没有打开“科技创新”与“转变经济发展方式”的“黑箱”，甚至没有出现“科技创新”与“转变经济发展方式”概念的直接表述和两者之间逻辑关系的探索。但是，从西方学者的分析语境和我国提出“科技创新”与“转变经济发展方式”两个概念的内涵中可以看出，“科技”和“创新”是相对于传统物质生产要素，尤其是资本和劳动力投入要素的重要经济增长源泉。全要素生产率代替物质资本的经济增长贡献率成为实现经济增长最重要的源泉，不仅是发达国家经济增长方式最重要的转变，也是我国实现“转变经济发展方式”的核心要义。从这个角度理解，西方学者围绕科技进步、创新对经济增长贡献的研究为我国探讨科技创新支撑加快转变经济发展方式奠定了良好的研究基础。

西方学者对经济发展中科技因素的重视，源于对全要素生产率增长的困惑①。尤其是自 20 世纪后半期以来，许多国家经济持续增长和效率不断改进，已经不能从物质生产要素投入的角度加以解释，来源于新技术、新方法的引进和使用成为经济增长最重要的动力源泉。针对上述现象，经济学家越来越多地集中精力探索科技因素对经济增长的作用。另外，由于科技进步与创新所具有的不确定性、动态性、非均衡性等独有特征，使主流经济学的均衡分析框架变得无法适应，于是，以科技创新为主题的一些非主流经济学，如创新经济学、技术进步经济学，如雨后春笋般地发展起来。西方学者以科技创新与经济增长为主题的研究，一方面，从理论上探讨了科技进步对经济增长发生作用的机制，提出了外生技术进步、内生技术进步、技术进步传导机制等新的增长理论；另一方面，结合一些发达国家的经验数据对科技进步对整个经济增长或部门经济增长的贡献率作了许多实证测度。如以增长方式为主题，按全要素增长率作为划分经济增长方式类型的标准，分别通过索洛余值法（Solow，1957；Kendrick，1973）、经济增长因素法（Denison，1962）、部门经济增长因素法（Jorgenson，1967）等方法测度了技术进步对经济增长的贡献率。近年来，科技创新对经济增长支撑的量化实证研究（Mansfield，1972；Nadiri，1993；Poh Kan Wong，2005 etc）、全球创新指标（Stella，Liu，2011）和衡量地区（Timothy F. Slaper，2010）、一个城市（Michael R. Bloomberg，2010）或一个行业创新能力指标体系（David J. Spielman，2011）的探索也为国内研究科技创新支撑加快转变经济发展方式的绩效评价奠定了研究基础。

在我国，“科技创新”作为一个独立概念涵盖了发明、创新和技术进步的全部内涵，分为知识创新、技术创新、现代科技引领的管理创新三种类型。转变经济发展方式除了涵盖西方经典理论要素支撑的动力外，党的十七大报告从社会总需求结构和产业结构两方面进行了拓展，在党的十七届五中全会上对加快转变经济发展方式除了在经济结构上进一步向城乡结构、区域结构拓展外，社会民生、资源环境也被纳入进来。将两个内涵博大的概念联系起来的机制相

① ［意大利］克瑞斯提诺·安东内利（Cristiano Antonelli）. 创新经济学：新技术与结构变迁［M］. 刘刚等译 . 北京：高等教育出版社，2006.

对于西方经典理论的分析范围变得更加复杂而不易厘清。总的来看，国内科技创新促进经济发展方式转变的支撑机制研究主要集中在以下几个领域：一是分析科技进步对经济增长的贡献率和如何提高该贡献率（王迪，2010；傅元海，2010；林高榜，2010 等）；二是从支撑载体上认为科技创新可支撑城市经济发展方式转变（于淑娥、张炳君，2010），支撑产业结构转型与升级（顾博，2010），支撑区域经济协调发展（高百宁，2010），推动科技入园（耿战修，2010）；三是从动力来源上认为应提高自主创新能力（毛健，2010；王宪茹，2010；赵冬初，2009 等）和科技成果转化率（闫傲霜，2010；李小建，2010 等）。国内独立研究科技创新与转变经济发展方式的测评指标体系较多。在科技创新方面，提出了科技创新环境评价指标体系（李婷、董慧芹，2005），科技创新型企业业绩评价体系（阳震清，2007），科技创新能力评价体系（曹建方，2010），地区科技创新指数（陈福民，2003）等；在转变经济发展方式方面，主要基于一个省区的工作实践提出转变经济发展方式的评价指标体系（徐国祥、杨振建，2011；石宏博，2011；沈露莹，2010），科技创新只是这些评价指标体系的一个板块。把两者联系起来以科技创新角度从直接影响和间接影响系统设计转变经济发展方式的评价指标体系的研究目前在理论界急待完善。

总之，西方经典理论关于科技创新对经济增长的支撑基本形成系列理论模型和核算标准，研究的规范化和科学化程度较高，为我们开展理论研究奠定了良好的基础。但是，这些研究是以发达国家为背景的，且以单一“经济增长”为中心。当经济结构调整、资源与环境约束、社会民生等问题成为转变经济发展方式的应有之义，如何厘清科技创新对这些领域的支撑机制并以此推动经济发展方式转变就必须创新相应的理论。国内直接以“科技创新与经济发展方式转变”为主题的研究处于起步阶段，文献较少，且研究内容集中于各地经验总结和对策分析；研究方式多停留在概念层面，实证分析匮乏；研究范围和分析逻辑还需进一步界定和梳理，研究的规范性和科学性还需进一步提升。有鉴于此，我们在深化理解我国“科技创新”和“加快转变经济发展方式”内涵的基础上，借鉴西方经典经济学关于科技创新与经济增长逻辑及绩效实证研究成果的基础上，充分吸收国内外关于科技创新与经济发展方式转变的相关研究成果，旨在梳理清楚科技创新对经济发展方式转变的传导机制，并对此方法进行绩效评价的实证研究。

二、已有文献的研究

（一）科技创新推动经济发展方式转变的理论研究述评

加快转变经济发展方式，是“十二五”时期经济发展的主线，关系我国全面建设小康社会和加快推进社会主义现代化全局。党的十七大指出，促进经济增长由主要依靠增加物质资源消耗向主要依靠科技进步、劳动力素质提高和管理创新转变；《中共中央关于制定国民经济和社会发展第十二个五年规划的建议》提出，坚持把科技进步和创新作为加快转变经济发展方式的重要支撑。一系列重要文献的阐述表明，科技创新支撑经济发展方式转变的核心在于提高科技进步与创新对经济增长的贡献度，使其成为经济增长的最重要推动力。尽管关于科技创新与经济增长两者之间关系的论述自古典经济学研究阶段以来散见于经济学家的著述中，① 然而，西方经典理论经济学中，“科技创新”至今没有被独立作为一个词汇纳入经济发展的分析框架，直接以“科技创新与转变经济发展方式”为主题的专题研究也很稀少。因此，有必要在梳理和评析经典理论文献相关研究的基础上，系统提炼科技创新促进经济发展方式转变的理论研究成果。

1. 经典理论科技创新的内涵及推进经济发展方式转变的研究逻辑

“科技创新”与“转变经济发展方式”均是从中国改革开放实践层面提出的新兴词汇。在西方经济学的经典理论中，并没有明确提出科技创新的概念。在大多数情况下，科技创新的研究主要基于发明、创新和技术进步三个词汇展开（Hywel G. Jones，1976）。② 发明包括加工发明和产品发明两种类型，其中

① 例如，亚当·斯密（Adam Smith，1776）与卡尔·马克思（Karl Marx，1848）分别从劳动分工、经济竞争的动力角度表现了对科学研究、技术创新和市场之间关系的兴趣。

② ［英］海韦尔·G. 琼斯. 现代经济增长理论导引［M］. 郭家麟，许强，李吟枫译. 北京：商务印书馆，1999.

导致生产现有产品的新技术发明被称为加工发明，改变现有产品生产形式或产生全新产品的发明被称为产品发明。一旦一种发明在现实经济中得到采用，则被称为产品创新或加工创新。技术进步通常是指以同量的投入生产更多的产出；或使现有产品质量改进；或生产了全新产品。最早把创新纳入经济发展分析框架的，是约瑟夫·熊彼特（Joseph A. Schumpeter，1934）。[①] 在其代表作《经济发展理论》中，约瑟夫·熊彼特首次正式界定了创新的六大内涵和系统提出“创新理论”。约瑟夫·熊彼特把“创新”看成资本主义最根本的特征，指出“创新”是一个“内在的要素”，认为“企业家”是资本主义的“灵魂”，是“创新”和“经济发展”的主要组织者与推动者。他旨在用生产技术与方法的变革来解释资本主义的基本特征和经济发展过程，以图把历史的发展和理论分析结合起来。约瑟夫·熊彼特“创新理论”的分析思路被后来如纳尔逊（R. R. Nelson，1977，1983）和戴维·罗森伯格（David Rosenberg，1982）[②] 等注重创新的发展经济学家所继承和发扬，并在第二阶段的新增长理论中得到广泛应用（Grossman G. M. and Helpman E.，1991；William J. Baumol，2004）。[③④] 近年，发明、技术进步和创新在学术研究中有被融入统一经济模型的趋势。如将产品品种的增加（Romer P. M.，1987，1990）[⑤⑥] 与质量改进（Grossman G. M. and Helpman E.，1991；Aghion，Philippe and Howitt，Peter，1992）[⑦⑧] 视为技术进步的表现形式，并将之纳入经济增长的分析框架。这种

① ［美］约瑟夫·熊彼特．经济发展理论——对于利润、资本、信贷、利息和经济周期的考察［M］．何畏，易家祥等译．北京：商务印书馆，2000.

② Rosenberg，Nathan. Inside the black box［M］. Cambridge：Cambridge University Press，1982.

③ Grossman G. M.，and Helpman E. Innovation and Growth in the Global Economy［M］. MIT Press，1991.

④ ［美］威廉·鲍莫尔．资本主义的增长奇迹［M］．郭梅军等译．北京：中信出版社，2004.

⑤ Romer P. M. Growth Based on Increasing Returns Due to Specialization［J］. American Economic Review，1987，77（5）：56-62.

⑥ Romer P. M. Endogenous Technological Change［J］. Journal of Political Economy，1990，98（5）：3-22.

⑦ Grossman G. M.，and Helpman E. Quality Ladders in the Theory of Growth［J］. Review of Economic Studies，1991（58）：43-61；Grossman G. M.，and Helpman E. Quality Ladders and Product Cycles［J］. Quarterly Journal of Economics，1991（106）：557-586.

⑧ Aghion，Philippe，and Howitt，Peter. A Model of Growth Through Creative Destruction［J］. Econometrica，1992，60（2）：323-351.

泛化的技术进步内涵为我国学者在研究中所接受，[①] 在一定程度上可以等同于我们改革实践中所指的科技创新。但在西方学术界，直接采用“科技创新”概念的著述仍鲜有所见。

经济发展方式转变的核心是经济增长方式转变。在西方经济学的经典理论中，也没有明确提出经济增长方式的概念，尽管许多理论都涉及我们所理解的增长方式概念的内涵。不过，从西方经典理论经济学已有分析范式可以看出，它们是从经济增长所依赖的增长源泉角度，根据要素积累率和要素生产率分别对经济增长的贡献率来判断增长方式的类型。我国经济发展方式转变是在经济增长方式转变的基础上提出的，是在保持后者核心内涵前提下进行的科学拓展。因此，以科技创新促进经济发展方式转变的核心是提高科技创新对经济发展的支撑力和贡献度，使其成为经济持续增长的最根本动力。因而，对其研究可从经典理论关于知识、技术进步、创新促进经济增长的传导机制、实证测度、原因，以及传播与扩散机制中汲取养分。

2. 发明、创新和技术进步促进经济增长的传导机制

发明、创新和技术进步对经济增长的贡献历来是增长经济学家研究的热点问题。在早期经典理论经济学中，发明、创新和技术进步主要通过移动生产函数或者生产可能性曲线促进经济增长；其传导机制通常可划分为三个阶段——创造新产品和新工艺的发明、把发明转化为商业应用的创新，以及把创新扩散到整个经济社会（《新帕尔格雷夫经济学大词典》，1996）。[②]

理论界通过经济增长核算发现，全要素生产率是经济增长最核心的根源，由此对技术进步和创新研究的兴趣高涨。哈罗德—多马经济增长模型和新古典经济增长模型将技术进步作为外生因素通过总量生产函数纳入经济系统，阐述了技术进步是经济在长期中持续增长的原因，使经济增长模型对各国经济增长的现实变得更加有解释力。但是，这些经济模型在以下几方面受到学术界广泛的争论：一是技术进步的简单概念是被塞进总量生产函数作为一项而分析的，

① 例如，有学者将技术进步定义为在生产中加强应用以创新和发明为主的能改善物质资本和人力资本的新的科学知识（谭崇台．发展经济学词典［M］．山西：山西经济出版社，2002）。

② 约翰·伊特韦尔，默里·米尔盖特，彼得·纽曼．新帕尔格雷夫经济学大词典（第四卷）［M］．北京：经济科学出版社，1996.

包含一切导致生产函数移动的要素。这种说法过于笼统，无法准确描述技术进步的原因，易忽略现实技术进步的某些重要方面。二是把技术进步作为外生变量，丝毫不依赖资本积累和经济体系内的其他变量，使技术进步成为“无源之水，无本之木”。三是技术进步无需成本，与现实经济中技术进步需要大量研发投入、高额技术转化成本的事实不符。四是为使稳定增长成为可能，技术进步采取哈罗德中性技术进步的假定，但却不能解释是什么理由，依靠什么机制，技术进步希望正好是哈罗德中性的。基于上述列举的诸多原因，以一个不变比率进行的非物化技术进步概念，不能得到令人满意的解释，需要提出更为成熟的经济增长模型。理论界一条重要的研究思路是将技术进步促进经济增长的传导机制由外生因素转变成内生因素。

技术进步内生化经济增长模型主要试图解释发明和创新的速率与偏向内在地由经济系统决定，基本沿三条路径展开研究。第一条路径是进一步拓展生产要素的内涵，将技术进步物化到生产要素中，通过“有效生产要素”的概念改变先前生产函数关于生产要素性质的某些假定，使经济持续增长成为可能。如时期性经济增长模型（Solow R. M.，1960）。[①] 该模型认为，新的投资是新思想的传导机制，提高新投资的比率会影响技术进步的速率；其逻辑传导路径是资本形成→工业设备的现代化→技术进步→经济增长。这种新投资的比率影响技术进步速率的内生化思路重新肯定了经济增长过程中资本积累的重要性，并为测度资本积累和技术进步在经济增长中的相对贡献提供了新依据。人力资本模型是将技术进步物化到劳动力生产要素的另一尝试，通过对人力资本投资，人口的质量能够得到不断改进，并由此提高劳动生产率（Schultz，Theodore W.，1961）。[②] 第二条路径是将知识和技术作为一个独立的生产要素变量纳入生产函数，通过建立多部门经济增长模型，将知识的外溢效应与传统生产要素的边际生产力递减规律有效地统一起来，仍然在完全竞争均衡的基本分析框架下解释经济持续增长的原因。这种内生化技术变化的思路最早由宇泽弘文

① Solow R. M. Investment and Technical Progress [A] //Arrow K., Karlin S., and Suppes P. (eds) Mathematical Methods in the Social Sciences Stanford [R]. 1960.

② [美] 舒尔茨. 论人力资本投资 [M]. 北京：北京经济学院出版社，1992.

进行了尝试（Uzawa H.，1962，1963），① 后由以罗默、卢卡斯和格罗斯曼等为代表的新增长理论家继承和发展。第三条路径是提出一些新的生产函数来代替总量生产函数对技术进步的刻画。如技术进步函数（Kaldor N.，1955，1962）与创新可能性边界（Kennedy C.，1962，1964，1966）两种经济模型弥补先前将资本积累与技术进步分开描述的不足，阐述了要素积累率与技术进步在经济增长进程中的相互作用，以及要素积累率对技术进步偏向的影响。但是，技术进步的原因与速度在这些模型中仍然没有得到好的说明。

自 20 世纪 80 年代以来，一方面，理论界沿着技术进步和创新内生化的机制将研究继续深化。罗默从知识积累产生于资本积累的角度（Romer，Paul M.，1986），② 卢卡斯（Lucas，Robert E.，Jr.，1997）③ 从人力资本积累的外部效应角度进一步深化了技术进步内生化机制。以罗默的第二代模型为起点，新增长理论家开始引入成本的概念直面研究知识积累和创新的来源及传导机制，指出只要创新的收益大于研发成本、创新的溢出效应足够大，经济增长就能自我维持。另一方面，理论界进一步拓展了技术进步的表现形式和打破了完全竞争均衡的传统分析框架，将产品品种增加和质量升级纳入技术进步的表现形式，尝试在垄断竞争的新经济环境下，注重于非均衡动态路径，引入研发投入、"创造性破坏"、行业领先者等因素分析经济增长根源和传导机制，得到了许多对指导中国以科技创新支撑经济发展方式转变更有指导意义的研究结论。

3. 科技创新促进转变经济发展方式支撑机制的理论研究述评

当我们将视角集中于科技创新实现过程探讨科技创新促进转变经济发展方式的支撑机制时，新古典经济学关于经济增长的技术进步传导机制和创新学派关于创新过程模型的探索可为我们的研究主题提供有益的启示。

（1）新古典经济学：经济增长的技术进步传导机制。新古典经济学的研究并没有打开"科技创新"和"经济增长绩效"的概念"黑箱"，也没有体

① Uzawa H. On a Two-Sector Model of Economic Growth [R]. R. Ec. Stud. 1962; On a Two-Sector Model of Economic Growth H [R]. R. Ec. Stud, 1963.

② Romer, Paul M. Increasing Returns and Long-Run Growth [J]. Journal of Political Economy, 1986 (94): 1002-1037.

③ Lucas, Robert E., Jr. On the Mechanics of Economic Development [J]. Journal of Monetary Economics, 1997 (22): 3-42.

现经济增长的结构性问题。该学派对于科技创新促进转变经济发展方式支撑机制的理论贡献主要体现在经济增长的技术进步传导机制研究中。当全要素生产率成为经济增长贡献率的主导因素后，理论界对技术进步和创新要素的研究兴趣高涨。哈罗德—多马经济增长模型和新古典经济增长模型在总量生产函数中引入技术进步，阐述了技术进步如何通过移动总量生产函数实现经济持续增长，从而为解释各国现实经济增长提供了更可靠的经济增长模型。但是，它们也在以下几方面受到学术界质疑：一是技术进步的内涵及表现形式过于笼统；二是将技术进步假定为外生变量，无法准确解释技术进步的原因，易忽略技术进步的某些重要现实；三是技术进步的成本及风险问题欠缺考虑；四是哈罗德中性技术进步假定的理由与机制没有得到阐述。为解决上述问题，需要提出更为成熟的经济增长模型。新古典经济学派在后期研究发展中一条重要的改进思路是将经济增长的技术进步传导机制由外生因素转变成内生因素，并建立多部门经济增长模型来阐释经济增长的结构性问题。

20 世纪 80 年代以来，经济增长的技术进步传导机制的研究朝两个方面继续深化。一方面，理论界从知识积累产生于资本积累的角度（Romer，Paul M.，1986），或从人力资本积累的外部效应角度（Lucas，Robert E.，Jr.，1988）继续深入研究了技术进步和创新的内生化机制。以罗默的第二代模型为起点，新增长理论家开始引入成本概念研究知识积累、创新的来源和传导机制，指出只要创新的溢出效应足够大，创新的收益大于研发成本就能维持经济持续增长。另一方面，理论界将产品品种增加和质量升级纳入技术进步的表现形式，通过引入研发投入、“创造性破坏”、行业领先者等因素，尝试在垄断竞争微观市场结构和非均衡动态增长路径的框架下分析经济增长根源和传导机制。这为我们进一步抓好科技创新促进产品创新，进而推动产业发展与结构调整提供了研究思路。

从以上分析看，新古典经济学派所探讨的“技术进步”是一个广泛的概念，包括“知识”“技术”等促进技术进步的要素。但是，“组织”这一要素作为科技创新的重要组成部分，在新古典经济学中被模糊地归纳到全要素生产率中，没有引起足够的重视。技术进步推动经济增长的绩效，早期主要集中在提高全要素生产率（技术进步的贡献率）的分析中，后期进一步将产品品种增加和质量升级纳入经济增长绩效视野。这在目标层次上较好地蕴含了转变经济发展方式的要求。新古典经济学派关于技术进步促进经济增长的传导机制较好地探索了知识、技术等要素纳入经济分析系统的途径及经济绩效的体现方式。然而，它们对传导机制的探讨多属静态分析，较欠缺动态作用过程的探索。同时，科技创新链与产业链的互动，也没有在新古典经济学派中得以说明。这些不足，恰好由创新经济学派关于创新过程模型的研究得以弥补。

（2）创新学派：创新过程模型。创新过程的研究主要着力于微观层面，特别是企业如何将研发成果转化为消费者会大量购买的商业产品或服务所进行的各种活动。创新过程分为三个范围较宽并有重叠的子过程：知识的产生；知识转化为制品；制品与市场需要或需求不断地相匹配。这个过程的划分较好地契合了前述学术界关于创新概念体系的探讨。学术界根据上述划分提出了创新过程的通用模型，如图 1-1 所示。

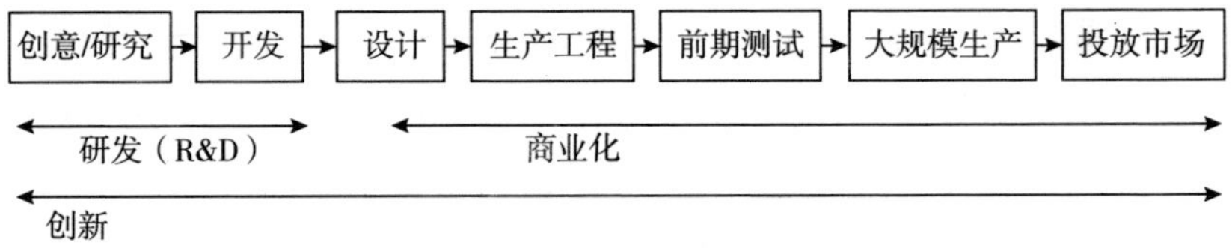

图 1-1　创新过程的通用模型

创新过程的通用模型较好地分解了与创新相联系的各个步骤，分析与解释了各创新步骤的重要任务，展示了科技创新成果如何在经济上得以实现的过程。该模型有几个突出特点：①进一步拓展了技术进步的动因，如将用户需求和供应商的需要纳入经济分析系统。②较好地展现了各种类型的创新在经济系统的实现方式和作用途径。作为推动经济发展方式转变的重要支撑，科技创新不仅体现在基于新思想、新技术和新发现的研发创新，而且体现在基于用户、供应商需求的生产工艺改进、生产设备创新和产业组织创新。③着眼于创新过程探讨了影响企业创新形式的各种因素。企业采取何种创新形式除了受到技术发展水平和市场需求等一般因素的影响外，还受到产量水平、生产行业特征的影响。④当着力于微观层面讨论创新的执行过程，作为创新的推动与实现主体，企业的组织要素，通过创新流程设计、商业模式创新、创新文化营造、制度设计等渠道对于创新实现及其推动转变经济发展方式的功能得到了重视。

但是，该模型也在以下几个方面受到质疑：①创新的线形模式忽略了市场需求与技术制度之间以及创新过程各环节之间的相互影响；②该项模型没有较好地体现与创新最近体系化、网络化发展趋势相联系创新形式的变化，如项目小组及创新企业扁平化发展趋势对创新实现过程和形式的影响；③关注的焦点更多集中于企业内部，对于企业间的协同创新反映不足。针对上述情况，罗斯韦尔进一步提出了技术推动模型、需求拉动模型、联合模型、整合模型和网络模型五种创新过程模型对此进行完善。并且，技术推动模型、需求拉动模型的划分是对创新过程的通用模型的进一步分解，突出了基于不同动因的科技创新实现产业化的途径和创新方式的不同。其中，技术推动模型突出新技术、新知识直接推动新产业的诞生，主要表现为突破性创新；需求拉动模型主要以渐进式创新的形式实现产品性能、工艺流程或生产设备的改进。联合模型、整合模型和网络模型在创新的动因、创新环节和创新主体三个层面突出了创新系统内的互动与影响，较好地体现了创新的“协同性”“系统性”和“网络化”等当代特征，使创新过程模型对当代创新实现过程的解释更有说服力。

创新过程模型的研究从微观层面较详细地分解与说明了各种类型的科技创新形式在产业上的实现过程，将创新链与产业链结合起来，为我们探讨科技创新如何促进产业结构的调整，进而分析如何促进转变经济发展方式提供了有益分析思路。但是，创新过程模型的研究范围偏狭窄。①创新过程模型的研究范围主体局限于企业。作为创新主体的重要组成部分，大学与科研机构创新的产业实现过程没有得到较好说明。②重点探讨了基于新需求与新技术的创新如何促进新产品和新产业的发展。作为科技创新的渗透性作用途径，“有效生产要素”如何提高科技进步对经济增长的贡献率的探讨还较缺乏。③尽管创新过程模型较好地协调了创新链与产业链，但重点集中在技术创新。一些基于知识创新的新产业发展的实现过程模型和组织管理系统创新模型的分析还较为缺乏。

4. 科技创新对经济发展方式转变支撑的绩效评价

对科技创新对经济发展方式转变支撑的绩效评价，早期西方经典理论以经济增长为主题，按全要素增长率作为划分经济增长方式类型的标准，认为如果全要素生产率（TFP）对经济增长率的贡献度在50%以下，基本属于粗放型的经济增长；达到和超过50%，则属于集约型经济增长。[①] 20世纪50年代以来，西方经济学界出现了一系列论文、书籍和专著，试图或简或繁地计量技术进步对形形色色国家经济增长的贡献。索洛余值法确立了早期经济增长核算的基本分析框架，该方法将全要素生产率的增长视为技术进步，对美国1909~1949年的经济增长情况进行了实证测度，得出技术进步是经济增长主要源泉的结论（Solow R. M.，1957）。[②] 20世纪60年代以后这种测度技术进步对经济增长贡献率方法的结论准确性逐渐在两方面受到经济学家的质疑：一是将余值部分全部归为技术进步因素，排除了其他因素影响，夸大了技术进步的作用；二是资本投入和劳动投入是同质的假定既不符合实际情况，也忽视了要素投入结构和质量的改善对经济增长贡献度的衡量。对此，学术界持续地改进了以全要素生产率衡量技术进步的精准度。如丹尼森将知识的进展从全要素生产率中单列出来，并从总量层面上考虑了劳动投入的多样性，从而极大地缩小了经济增长中不能直接由实证测度因素所解释部分的大小，并细化了劳动投入对经济增长贡献的认识（Denison E. F.，1962）。[③] 乔根森在丹尼森研究的基础上进一步探讨了经济增长因素中资本投入因素的多样性，并落脚在各产业部门而不是总量生产函数的层次上分析经济增长的源泉，从而进一步地缩小了"余值"的范围（Jorgenson D. W. and Griliehes Z.，1967）。[④] 20世纪90年代以来，越来越多的学者认识到经济增长在多大程度上归因于全要素生产率的改进，在多大程度上归因于投入的增长，依赖于构造投入度量的方法。于是，一部分学者在进行经济增长核算分析时，尝试对不同国家生产率与投资（Grossman，Gene M. and Elhanan Helpman，1986），[⑤] 以及生产率与人均收入之间（Islam，Nazrul，

① 高峰. 发达资本主义国家经济增长方式的演变［M］. 北京：经济科学出版社，2006.

② Solow R. M. The Technical Change and the Aggregate Production Function［R］. R. Ec. Stat，1957.

③ Denison E. F. The Sources of Economic Growth in the United States and the alternatives before us Committee for Economic Development［J］. Journal of Economic Perspectives，1962（1）：7-14.

④ Jorgenson D. W. and Griliches Z. The Explanation of productivity Change［R］. R. Ec. Stud，1967.

⑤ Grossman，Gene M. and Elhanan Helpman. Endogenous Innovation in the Theory of Growth［J］. Journal of Economic Perspectives，1986（8）：23-44.

1995; Klenow, Peter J. and Andres Rodriguez-Clare, 1997)①② 的关系进行实证测度，以期对影响全要素增长率的因素进行更深入的研究。

与此同时，也有一些学者反对将全要素生产率作为对技术变化的度量(K. I. Carlaw and Lipsey R. G., 2002, 2003),③ 认为因为大量技术变化涉及资源有成本地向研究和发现活动配置，这些资源仅得到正常回报，当技术被发现且实施时，技术变化的价值转化为投入成本，全要素生产率的增长应该为零。还有一些学者从更广泛的角度，如全球创新指标（Stella, Liu, 2011）和衡量一个地区（Timothy F. Slaper, 2010）、一个城市（Michael R. Bloomberg, 2010）或一个行业创新能力指标体系（David J. Spielman, 2011）对科技创新支撑经济增长的力度进行了实证研究。这些最新的研究成果进一步开阔了研究科技创新支撑经济发展方式转变的绩效评价视野。

总的来说，尽管全要素生产率作为技术进步与创新的近似度量还存在一些质疑甚至争议，但将之作为衡量技术进步对经济增长的贡献率和划分经济增长方式的判断标准仍是一个有较高认可度的指标。不过，理论界还需要结合最新的研究成果进一步完善与之相关的绩效评价。

5. 发明、创新和技术进步的原因

关于发明、创新和技术进步原因的研究一直受到学术界高度重视。一些学者从分工和专业化的角度研究发明、创新和技术进步的原因，如认为分工和专业化是技术进步的重要因素（亚当·斯密，1776）。④ 还有学者从生产要素的角度研究发明、创新和技术进步的原因，认为生产要素稀缺性及其相对价格的变化导致的要素间替代本身就是对发明的刺激和推动技术进步的重要原因(JohnRichard Hicks, 1963);⑤ 这种分析思路被后来一些学者发展为诱致性技

① Islam, Nazrul. Growth Empirics: A panel Data Approach [J]. Quarterly Journal of Economics, 1995 (1): 1127-1170.

② Klenow, Peter J. and Andres Rodriguez-Clare. The Neoclassical Revival in Growth Economics: Has It Gone Too Far? [J]. NBER Macroeconomics Annual, 1997 (12): 73-103.

③ [新西兰] 肯尼思·L. 卡劳，理查德·G. 李普西. 生产率、技术经济增长的关系 [A] // [英] 唐纳德·A. R. 乔治等. 经济增长研究综述 [C]. 吉林：长春出版社，2009.

④ [英] 亚当·斯密. 国民财富的性质和原因研究 [M]. 郭大力，王亚南译. 北京：商务印书馆，1776.

⑤ Hicks J. R. The Theory of Wages 2nd edn [M]. Macmillan, London, 1963.

术变迁模式，用来分析某一特定行业技术变迁的原因和发展路径（速水佑次郎，1998）。[①] 也有研究注意到企业家对利润的追求和企业家精神对发明、创新和技术进步的关键作用（Joseph A. Schumpeter，1934），认为企业家的首创精神、成功欲、甘冒风险以苦为乐的精神、精明、理智和敏捷、事业心等创新精神和对利润的追求不仅是经济体系不断改组的运转工具，而且是包含社会上层在内的各种要素发生连续变化的传递手段。[②]

20 世纪 60 年代以来，对发明、创新和技术进步原因的研究主要从微观层面进行。阿罗（Arrow K. J.，1962）的“干中学”经济增长模型和舒尔茨的“人力资本模型”（Schultz，Theodore W.，1961）开创性地将无意识的生产经验积累和有意识的教育投资作为技术进步的重要内生化来源和经济持续增长的动力，促进了知识经济化与经济知识化的一体化研究。随着技术进步原因的内生化，特别是当理论界将技术进步物化到生产要素中，那些促进生产要素积累的因素在一定程度上进入分析经济增长原因学者的研究视野。劳动分工与专业化模型被艾林·杨继承和发展，并在 20 世纪 80 年代以来从微观层面系统地形成了博兰德—杨、基母—莫塔迪、贝克尔—墨菲三种劳动分工和专业化的内生增长模型，为经济增长提供了一种微观机制。[③] 20 世纪七八十年代以来，产业组织理论、发明与创新、人力资本以及交易费用等微观经济理论的发展，使理论界开始进一步关注技术进步的成本、依托载体、经济背景等，并以更规范的研究范式讨论知识的进步及其与市场的联系。当垄断竞争市场结构代替完全竞争市场结构成为分析技术创新的经济背景后，技术创新的成本、研发投入、专利、市场结构、企业内部特征和产权组织等会影响技术创新的规模和效率的观点逐渐形成理论界的新共识。[④] 知识经济概念的提出，使学术界对知识和技术内生化的认识进一步向前推进，认为资源投入量，企业的作用，隐含知识存量，外部性、获利能力与不确定性，技术发展的路径依赖等因素将影响或制约

---

① ［日］速水佑次郎．发展经济学——从贫困到富裕［M］．李周译．北京：社会科学出版社，2003.

② ［美］约瑟夫·熊彼特．经济发展理论——对于利润、资本、信贷、利息和经济周期的考察［M］．何畏，易家祥等译．北京：商务印书馆，2000.

③ 谭崇台．发展经济学的新发展［M］．湖北：武汉大学出版社，2002.

④ 张培刚．发展经济学教程［M］．北京：经济科学出版社，2001.

一国获取知识和积累技术的能力。[1]

6. 发明、创新和技术进步的扩散与转移

发明、创新和技术进步如果不经历扩散和转移，就不可能在更大的范围内产生经济效益和社会效益，从而推进整个产业技术进步和经济结构调整；并且，发明、创新和技术进步的扩散与转移本身也是提高经济增长效率的重要途径（Paul Krugman，1979）。学者对此研究通常假定发达国家是发明、创新的中心，发展中国家是技术转移和引进的中心。发展中国家的经济增长很大程度取决于能否成功地从工业化国家获得新技术，并有效利用这些新技术，以及这个过程进展速度的快慢。[2] 技术扩散方面代表性的理论有曼斯费尔德的传染病模型和戴维的概率模型。[3] 前者认为技术创新在企业间的扩散会像传染病一样先以递增的速度增长然后以递减的速度增长；后者认为刺激企业采用一项新技术的社会、经济诸因素存在一个临界值，超过该值，企业便采用技术创新；反之则相反。技术转移，是因为后发展中国家在经济发展过程中大都经历了这个过程。并且，通过技术转移获取技术进步，也有利于降低发展中国家的发展成本。从发达国家向发展中国家转移技术会依次经历商品输出、对外直接投资和技术转让三个阶段，以谋取利益的最大化。技术转移从发展中国家来讲，是根据自身的实际情况有选择性地吸收，这就是技术引进时的技术选择问题。代表性的理论有“中间技术论”（E. F. Schumacher，1985）[4]和“适用技术论”（A. K. Reddy，1975）。[5] 前者的主要观点是发展中国家从发达国家引进技术时需重点引进介于先进技术和传统技术间的中间技术；后者则强调将技术需要与国内生产要素现状、市场规模、社会文化环境等因素综合起来考虑引进能使本国从中获得最大收益的技术。在发明、创新和技术进步扩散和转移的载体上，企业发展、产业结构调整、市场化以及国际贸易成为理论界联系科技创新和经济增长

---

① 谭崇台．发展经济学的新发展［M］．湖北：武汉大学出版社，2002.

② ［美］威廉·鲍莫尔．资本主义的增长奇迹［M］．郭梅军等译．北京：中信出版社，2004.

③ 张培刚．发展经济学教程［M］．北京：经济科学出版社，2001.

④ ［英］舒马赫．小的是美好的［M］．北京：商务印书馆，1985.

⑤ A. K. Reddy. Generation of Appropriate Technologies，Appropriate Technologies for Their World Development［R］. 1975：176-185.

的重要渠道。[①] 发明、创新和技术进步在国家之间扩散与转移的二分法，也可推广到发展中国家先进部门与落后部门，以及先进地区与落后地区的转移和扩散方式。尽管发明、创新和技术进步扩散与转移机制的研究框架基本形成，但是什么因素会影响和制约这些扩散和转移的效率，及其影响机制的研究还需要进一步深化。

7. 结论与延伸

尽管"科技创新"与"转变经济发展方式"这两个词汇在西方经济学的经典理论中没有直接出现，但科技创新的主要内涵在发明、创新、技术进步，以及经济增长理论的研讨中已开展得较为充分，特别是经典理论的近期研究成果在一定程度上可以等同于我们改革实践中所指的科技创新。转变经济发展方式的核心是转变经济增长方式。以科技创新促进经济发展方式转变可着力于创造新产品和新工艺的发明、把发明转化为商业应用的创新以及把创新扩散到整个经济社会三个阶段提高科技创新对经济增长的贡献率，并重点抓好发明、创新和技术进步促进经济增长的原因、扩散与转移、传导机制、绩效评价几个关键环节。

技术进步促进经济增长的传导机制经历了由外生因素到内生因素转变的过程。理论界的最新研究成果将产品品种增加和质量升级纳入技术进步的表现形式，并分析了在垄断竞争的市场结构、非均衡动态增长路径基本假设下创新成本、研发投入、企业组织与制度结构对科技创新及经济增长的影响，使之对于提升我国以科技创新促进经济发展方式转变的支撑力变得更有指导性和说服力。尽管全要素生产率作为衡量技术进步对经济增长的贡献率和划分经济增长方式的判断标准在其准确性和适用性上受到理论界的质疑，甚至反对，但到目前为止，将之作为衡量技术进步对经济增长的贡献率和划分经济增长方式的判断标准仍是一个有较高认可度的指标。学者为提高其准确度和结论可靠性所不断改进的研究成果，为中国的后续研究奠定了良好基础，进一步将创新成本、支撑动力、转移和扩散等因素纳入，设计一套对中国具有指导性的科技创新促进经济发展方式转变的综合绩效评价方法依然是下一步需要努力的方向。分工

① 厉以宁．宏观经济学的产生和发展［M］．长沙：湖南出版社，1997.

和专业化、生产要素稀缺性及其相对价格的变化、企业家对利润的追求和企业家精神较好地说明了发明、创新和技术进步原因。20世纪60年代以来，对发明、创新和技术进步的原因从“干中学”、“人力资本”、交易费用研发投入、专利、市场结构、企业内部特征和产权组织等方面开展了更细致的微观研究。知识经济时代的来临促进了知识经济化与经济知识化的一体化研究。如何在这些原因中总结和提炼出几个对中国经济增长的科技创新支撑力最关键的因素，建立相对规范的分析框架，找出提高效率的办法还需要我国学者继续努力。利用发明、创新和技术进步的扩散和转移机制提升科技创新促进经济发展方式转变的效率，实现中国经济增长的后发优势和赶超战略，还需要考虑在市场经济还不是很发达的中国如何改进和完善相关理论。

（二）科技创新与经济发展：中国共产党的实践探索

新中国成立以来，中国共产党的各代领导集体高度重视科技在经济工作中的重要作用，对其认识不断深化，实施举措越来越明确与体系化。对中国共产党带领全党全国各族人民进行现代化建设中科技创新支撑经济发展的实践探索历程进行梳理，将为我国在新的历史时期更好地发挥科技创新对于转变经济发展方式的支撑作用，实现创新驱动、建设创新型国家和全面建成小康社会提供更充分的思路借鉴与丰富的实践经验。

1. 第一代领导集体：将科学技术纳入中国现代化的历史使命

早在新中国成立初期，中国共产党领导人就认识到经济技术的落后是中国在近代史上面临挨打和屈辱的两大根源之一。[①] 因此，力争在不太长久的时间内改变我国经济社会、技术方面的落后状态，把我国建设成为一个社会主义的现代化强国，成为新中国成立初期制定经济发展战略的主旋律。特别是20世纪50年代后期，以毛泽东为核心的中国共产党第一代中央领导集体将科学技术纳入了现代化这一国家发展的总体战略目标中，使之成为中国现代化的重要

① 毛泽东．把我国建设成为社会主义的现代化强国［A］//毛泽东．毛泽东著作选读（下册）［C］．北京：人民出版社，1986.

组成内容之一,[①] 成为激励全国各族人民共同奋斗的宏伟目标。

2. 第二代领导集体:从社会主义本质的角度提出科学技术是第一生产力的论断

“文化大革命”期间,受“四人帮”集团的干扰,科技工作曾一度被耽搁。“文化大革命”后期的拨乱反正时期,邓小平就从认识和方针方面推动了科技工作,指出:“科学技术叫生产力”。[②] 粉碎“四人帮”集团后,以邓小平为核心的中国共产党第二代中央领导集体在开启改革开放进程之初,就正式从全党全国的高度确立了科技工作的指导思想,指出:“四个现代化,关键是科学技术的现代化”“科学技术是生产力”。[③] 随后,中央不仅指出了科技工作的服务面向问题,要求科技界面向经济建设,并着力于推动科技体制改革为发展科技营造良好的环境。随着实践经验的积累,中央领导人进一步深化了科技工作在我国经济建设和现代化进程中作用的认识,不仅提出“中国要发展,离不开科学”[④],更进一步地从社会主义本质的角度将科学技术提升至第一生产力的高度,指出:“马克思讲过科学技术是生产力,这是非常正确的,现在看来这样说可能不够,恐怕是第一生产力”。[⑤]

3. 第三代领导集体:科教兴国战略与科技的重点由进步走向创新

当时光的车轮驶入20世纪90年代,以江泽民为核心的中国共产党第三代

① 1957年,毛泽东在中国共产党全国宣传工作会议上强调:“我们一定会建设一个具有现代工业、现代农业和现代科学文化的社会主义国家。”

1959年底至1960年春,毛泽东带领部分理论家和工作人员到杭州,集体用1个多月的时间读苏联《政治经济学教科书》,在工作人员整理的《读苏联〈政治经济学教科书〉谈话记录的论点汇编》第七部分中,毛泽东提出:“建设社会主义,原来要求是工业现代化,农业现代化,科学文化现代化,现在要加上国防现代化。”这是毛泽东第一次完整地表述“四个现代化”的思想。

1964年12月,在三届全国人大一次会议上,周恩来代表国务院在《政府工作报告》中正式向全世界宣告:“今后发展国民经济的主要任务,总的来说,就是要在不太长的历史时期内,把我国建设成为一个具有现代农业、现代工业、现代国防和现代科学技术的社会主义强国,赶上和超过世界先进水平。”

② 邓小平. 科研工作要走在前面[A]//邓小平. 邓小平文选(第二卷)[C]. 北京:人民出版社,1994.

③ 邓小平. 在全国科学大会开幕式上的讲话[A]//邓小平. 邓小平文选(第二卷)[C]. 北京:人民出版社,1994.

④ 邓小平. 中国要发展,离不开科学[A]//邓小平. 邓小平文选(第三卷)[C]. 北京:人民出版社,1994.

⑤ 邓小平. 科学技术是第一生产力[A]//邓小平. 邓小平文选(第三卷)[C]. 北京:人民出版社,1994.

中央领导集体，审时度势地将加快科技进步作为实现我国现代化建设“三步走”战略目标的重大决策，在全国形成实施科教兴国战略的热潮。科教兴国，是全面落实科学技术是第一生产力思想的战略决策，其核心内容是：“坚持教育为本，把科技和教育摆在经济社会发展的重要位置，增强国家的科技实力和向现实生产力转化的能力，提高全民族的科学文化素质，把经济建设转到依靠科技进步和劳动力素质的轨道上来，加速实现国家繁荣强盛。”① 这一概念的提出，进一步加强了科技与经济的结合，明确了党中央、国务院新时期科技工作的基本方针——坚持科学技术是第一生产力的思想，经济建设必须依靠科学技术，科学技术必须面向经济建设，努力攀登科学技术高峰。同时，首次从发展动力的角度表述了科学技术与发展方式转变的关系——把经济建设转到依靠科技进步和劳动力素质的轨道上来。这一思路，在党的十七大报告上，正式成为转变经济发展方式的三大核心内容之一。

当科教兴国上升为国家战略，以信息技术为主要标志的科技进步日新月异，高新技术向现实生产力转化的节奏越来越快之时，党中央进一步认识到，科学技术，不仅需要进步，更重要的是创新。“我所以一再强调科技创新，是从我国现代化建设的需要和世界科学技术飞速发展的形势考虑的”，② “科技创新已越来越成为当今社会生产力解放和发展的重要基础和标志”。③自此，不断推进知识创新与技术创新，成为我国实施科教兴国战略，加快全社会科技进步的关键；以科技创新为先导促进生产力发展质的飞跃，成为一个重要的战略指导思想。④ 在实施科技创新的操作上，中央提出了一系列新的思路和办法。例如，在鼓励基础研究和高技术研究加大投入，努力争取在世界科技前沿占领一席阵地的同时，大力推动以企业为主体的技术创新；增强自主创新能力，实现技术发展的跨越；加强全社会的大力协同，尽快建立完善技术创新和向现实生产力转化的配套体系；积极推进国家知识创新体系的建设等。这些实施创新发

---

① 江泽民．实施科教兴国战略［A］//江泽民．江泽民文选（第一卷）［C］．北京：人民出版社，2006.

②③ 江泽民．创新的关键在人才［A］//江泽民．江泽民文选（第二卷）［C］．北京：人民出版社，2006.

④ 江泽民．加强技术创新［A］//江泽民．江泽民文选（第二卷）［C］．北京：人民出版社，2006.

展中蕴含的思路和办法，为我国后来在21世纪实施创新驱动发展战略奠定了良好的基础和提供了良好的环境。

20世纪科技发展和重大成就与21世纪科技发展的迅猛态势，使中国共产党人越来越深刻地认识到，大力发展中国的科学技术是中国经济发展与社会进步的强大动力保障；形成科学研究、技术开发、社会生产和市场需求、社会投入、政府支持之间的良性体制，在全社会形成尊重知识、尊重人才、鼓励创新的文化氛围至关重要。这一时期，中国共产党人对创新在科学中地位的认识上升到一个新的高度，认为“科学的本质就是创新”。[①] 实施创新，不仅要加强自主创新，还要积极加强与国际科技界的交流与合作，努力学习和运用世界先进科技成果。应当说，这一时期科技创新成为实现我国生产力跨越式发展的重要手段，对科技创新在中国经济社会发展进程中的地位与作用认识更加深刻。在创新的方向上，不仅鼓励原始性创新，[②] 勇攀世界科学高峰；也大力加强科学发现、技术发明和商品产业化之间的联系，加强科学技术向生产力转化的效率与效果。在创新的要素支撑下，不仅一贯坚持我党对科技人才作用的重视，还将人才资源上升到第一资源的高度。[③]

4. 以胡锦涛为核心的中央领导集体：建设创新型国家和实施创新驱动

以胡锦涛为核心的中央领导集体在21世纪发展的新阶段，面对科技革命和产业变革的新态势、新节奏与新挑战，深刻认识到科技已成为支撑与引领经济发展和社会进步的重大因素。当今世界，谁掌握了先进科技，谁就掌握了经济社会发展的主动权，谁就掌握了综合国力竞争的主动权。为了更好地落实科教兴国战略，中央提出了科技工作发展新的指导思想——科学发展观；[④] 并且将创新从国家战略的手段层次拓展到目标层次，在21世纪第一次全国科学技

---

① 江泽民．科学的本质就是创新［A］//江泽民．江泽民文选（第三卷）［C］．北京：人民出版社，2006.

② 江泽民．要鼓励原始性创新［A］//江泽民．江泽民文选（第三卷）［C］．北京：人民出版社，2006.

③ 江泽民．人才资源是第一资源［A］//江泽民．江泽民文选（第三卷）［C］．北京：人民出版社，2006.

④ 胡锦涛．以科学发展观指导科技工作——胡锦涛谈推进我国科技进步和创新［J］．建设科技，2004（12）：8.

术大会上正式提出："坚持走中国特色自主创新道路""建设创新型国家"。[①] 相对以前科技创新与经济发展的关系，这次科学技术大会有三个方面的新亮点：一是提出了新时期实施中长期科学和技术发展新的指导方针：坚持自主创新、重点跨越、支撑发展、引领未来的指导方针。二是将自主创新的地位与作用提升到新的高度，将其作为发展科学技术的战略支点，以及调整经济结构、转变经济发展方式的中心环节。三是提出了由"技术创新体系""知识创新体系""国防科技创新体系""区域创新体系"和"科技中介服务体系"组成的"五位一体"的国家创新体系。"创新型国家"的提出，意味着科技创新不仅是实施科教兴国战略的重要内容，它本身更成为我国经济社会发展的重要战略目标。党的十七大提出："提高自主创新能力，建设创新型国家，这是国家发展战略的核心，是提高综合国力的关键。"[②] 在 2012 年全国科技创新大会上，胡锦涛进一步阐述了中国特色国家创新体系的主要内容，并就深化科技体制改革、加快创新型国家建设提出了 6 点意见。[③] 其中，所蕴含的科技创新与经济发展之间的关系表现出以下一些特征：在发展的动力上强调更多依靠创新驱动，激发全社会创造活力，推动科技实力、经济实力、综合国力实现新的重大跨越；在创新的重点上突出了增强自主创新能力对经济结构调整、建立现代产业体系、占领未来发展制高点的重要意义；在创新的主体上进一步强化企业技术创新主体地位和各创新主体的协调发展与资源共享；在创新的要素上统筹各类人才发展，建设一支规模宏大、结构合理、素质优良的创新人才队伍；在创新的方式上更加强调创新的开放与合作。

这一时期，强调科技创新与经济发展关系另一个突出特征是凸显了科技创新对经济发展方式转变的支撑作用。20 世纪以来由于国内外环境和发展条件的变化，转变经济增长与发展方式成为我国经济发展的重要主线和确保经济发展质量与效益的重要保障。科技创新，由于其本身所蕴含的革命性、突破性特

① 胡锦涛. 坚持走中国特色自主创新道路为建设创新型国家而努力奋斗［J］. 中国科技产业，2006（3）：6-11.

② 胡锦涛. 高举中国特色社会主义伟大旗帜　为夺取全面建设小康社会新胜利而奋斗［A］. 十七大报告辅导读本［M］. 北京：人民出版社，2007.

③ 全国科技创新大会在京举行——胡锦涛温家宝发表重要讲话 2020 年实现进入创新型国家行列目标［J］. 国外测井技术，2012（4）：5-6.

征，理所当然地对转变经济发展方式起着重要支撑作用。早在20世纪初，中央在科技工作部署上，就有一系列科技对经济结构调整，加强企业开发创新能力，实现由粗放型向集约型转变的内容。2006年的全国科学技术大会更是提出要把科技创新作为调整经济结构、转变经济发展方式的中心环节。① 《中共中央关于制定国民经济和社会发展第十二个五年规划的建议》在加快转变经济发展方式的基本要求中，第一条便是把科技进步和创新作为加快转变经济发展方式的重要支撑。② 为加快形成新的发展方式，深化落实科技进步和创新对加快转变经济发展方式的支撑作用，党的十八大报告进一步提出了"着力增强创新驱动发展新动力""实施创新驱动发展战略"。③ 实施创新驱动发展战略的提出，为加快我国从经济大国走向经济强国指明了具体道路。其重大意义，正如习近平总书记所强调的："实施创新驱动发展战略，是立足全局、面向未来的重大战略，是加快转变经济发展方式、破解经济发展深层次矛盾和问题、增强经济发展内生动力和活力的根本措施。"④

5. 以习近平为核心的党中央领导集体：把创新摆在国家发展全局的核心位置

站在新的历史起点上，以习近平为核心的党中央领导集体面对日益严峻的现实挑战和实现中华民族伟大复兴的历史重任，深刻认识到创新是引领发展的第一动力，是决定国家和民族命运的战略抉择，必须抓紧不放。为积极适应、把握和引领新常态，落实"创新、绿色、开放、协调、共享"的发展理念，必须推动以科技创新为核心的全面创新。新一届的党中央领导集体，从5个方面更加深入系统地阐述了创新与经济社会发展的全方位关系。一是在创新的重要作用上强调创新与未来发展的联系，"抓创新就是抓发展，谋创新就是谋未来"。二是强调落实创新驱动发展战略"必须紧紧抓住科技创新这个'牛鼻子'"。三是强调自主创新，认为"实现中华民族伟大复兴的中国梦，必须坚

① 胡锦涛．坚持走中国特色自主创新道路为建设创新型国家而努力奋斗［J］．中国科技产业，2006（3）：6-8.

② 中共中央关于制定国民经济和社会发展第十二个五年规划的建议［M］．北京：人民出版社，2010.

③ 胡锦涛．坚定不移沿着中国特色社会主义道路前进为全面建成小康社会而奋斗［A］//中国共产党第十八次全国代表大会文件汇编［M］．北京：人民出版社，2012.

④ 习近平强调实施创新驱动发展战略［EB/OL］．http：//news.xinhuanet.com，2013-03-04.

持走中国特色自主创新道路”。四是在创新体制改革方面，下决心“要以推动科技创新为核心，引领科技体制及其相关体制深刻变革”。推动科技创新，必须要破除现有科技制度中阻碍创新发展的条条框框，推动体制机制的全面创新，调动创新的积极性。五是在集聚创新人才方面，强调“聚天下英才而用之”，充分发挥我国人才大国和智力大国的突出优势。

这一时期，强调创新在国家发展全局中的核心位置另一个突出特征是凸显了创新是引领发展的第一动力。进入21世纪的第二个十年，全球新一轮科技革命加速孕育，国内经济发展步入新常态，全面建成小康社会进入决胜攻坚阶段；与此同时，世界主要大国都在积极调整创新策略、强化创新部署，如美国的再工业化战略和德国的工业4.0战略等相继提出。要想在新的历史时期把握科技制高点和主动权，就必须将创新放在更加重要的战略地位，加快实施创新驱动发展战略，推动以科技创新为核心的全面创新，让创新成为引领发展的第一动力，为进一步提升综合国力奠定坚实基础。《中华人民共和国国民经济和社会发展第十三个五年规划纲要》更是将以创新为核心的新发展理念作为主线，贯穿于社会经济发展的各领域和各环节。创新是一个庞大的系统工程，必须持续协调推进，必须加快实施理论、制度、科技、文化等领域的全面创新，必须加快在结构、动力、矛盾、短板上取得重要突破，加快转变发展方式，提高社会经济发展的质量和效益，不断开拓发展新境界。

6. 结语

总之，新中国成立以来，中国共产党的各代领导集体，始终高度重视并充分发挥科技在推动经济社会发展、建设有中国特色社会主义、实现中华民族伟大复兴中的重要作用，强调只有把科学技术摆在国家发展的战略地位，才能赢得发展的战略主动权，才能实现社会主义现代化。在科技工作中，中国共产党始终坚持科技进步与经济发展的相互融合的方向，多次强调经济发展依靠科学技术，科学技术面向经济建设的要求。中国共产党先后提出了“四个现代化，关键是科学技术的现代化”、“科学技术是第一生产力”、“人才资源是第一资源”、实施科教兴国战略、人才强国战略、建设创新型国家、实施创新驱动等著名论断。这些重要的论断科学地回答了科技发展依靠谁、如何依靠等重大理论问题。围绕科技工作的指导思想与指导方针，中国共产党着力于提高创新能力、深化科技体制改革、优化创新环境、扩大科技开放合作等方面作出了一系列工作部署和实践探索，初步形成了适合我国国情和社会主义市场经济要求的新型科技体制机制，构建了学科门类齐全的学科体系，形成了结构较为合理、具有相当规模和一定水平的专业技术人才队伍，为走“有中国特色的创新道路”奠定了扎实的基础。21 世纪，资源与环境的约束，经济发展成本跃升、主导产业科技含量的提升和要求等因素的影响，实施创新驱动，更好地发挥科技对经济发展方式转变的支撑作用成为新时期落实我国以科学发展观为指导，以转变经济发展方式为主线的战略手段。重视发挥科技在经济发展及其发展方式转变的作用，不仅是过去中国共产党的一贯传统，也是完成全面建成小康社会的重要保障。总结前期形成的经验，进一步细化落实方案，将是研究科技创新与经济发展方式转变下一步需要继续努力的方向。

三、主要研究方法

（一）跨学科研究法

跨学科研究实际上是以问题为中心的一种研究方法。它主要立足于是否有助于清晰地阐释问题的缘起、存续条件以及如何应对等，而不是注重学科的分类。根据曼库尔·奥尔森的观点：“人们对学科或多学科研究的必要不能有任何先入之见，研究的质量依赖问题的重要性和分析的路径，而不是依赖于它如何分类。”① “如果我们不嫌麻烦，愿意转首环顾一下其他科学领域，则可能对整个景象会得到全然不同的观点。”②

科技创新与转变经济发展方式均是我国新时期、新阶段事关经济社会发展全局的重大战略决策。科技创新作为一个独立概念涵盖了发明、创新和技术进步的全部内涵，分为知识创新、技术创新、现代科技引领的管理创新三种类型。转变经济发展方式除了涵盖西方经典理论要素支撑动力外，党的十七大报

① ［瑞典］理查德·斯威德伯格．经济学与社会学［M］．安佳译．北京：商务印书馆，2003.

② ［美］曼库尔·奥尔森．国家兴衰探源——经济增长、滞胀与社会僵化［M］．吕应中等译．北京：商务印书馆，2001.

告从社会总需求结构和产业结构两个方面进行了拓展，后在党的十七届五中全会上对加快转变经济发展方式除了在经济结构上进一步向城乡结构、区域结构拓展外，社会民生、资源环境也被纳入进来。从科技创新与转变经济发展方式的内涵与要求看，已远远超越了经济学的研究范围。因而，站在国家战略发展层次的高度，思考科技创新对经济发展方式转变支撑机制及绩效评价，需要以“问题为导向”，从政治、经济、科技、文化、环境等各个社会环节的内在联系中发现规律，寻求解决问题的途径和方案。

（二）文献研究法

文献研究法是基于既定的研究目的，通过查阅学者已经撰写或发表的相关资料，从而对将要研究问题的出现来源、发展历程、已有成果等进行全面深入的了解。文献研究法在学术界非常普遍，特别是在科技创新及其相关研究领域，通过对既有文献深入整理、分析、总结，能进一步了解问题本身和发展趋势；能够帮助研究者更科学地辨别研究方向；能够使研究者更加便捷地了解所要研究问题的全貌；能够进一步加深研究者所要研究问题的印象。

科技创新与转变经济发展方式不仅仅是当前所处时代的关键点，更是存在于历史任何时期的一个永恒命题。关于科技创新、经济发展方式转变及相关的评价指标体系等研究历来备受学者关注。学者从科技创新、经济发展方式转变的概念界定、历史沿革、关系梳理、影响机制、指标构建、绩效评价、案例分析、实践探讨等角度进行了全面、系统、深入的研究与分析，对已有文献整理分析，使我们能够站在“巨人的肩膀上”，为后续研究奠定基础。同时，对既有文献中存在的不足或缺失展开研究，能够进一步丰富相关理论。

（三）实证研究法

实证研究法是现代科学高度发展的重要产物，其广泛应用于自然科学和社会科学领域，成为研究者探索问题、追寻真理的重要手段。实证研究法在社会科学领域的创新应用进一步促进了社会科学的迅猛发展，通过设定自变量、因变量，对研究问题进行有操作的研究，并对研究结果进行记录、分析、研判，从而说明不同事物之间的相关性。

转变经济发展方式的科技创新支撑机制与绩效评价研究中，科技创新推动经济发展方式转变的具体路径和作用方式是核心，科技创新推动经济发展方式转变的绩效评价研究是关键。构建一整套转变经济发展方式的科技创新支撑机制与绩效评价体系的目的是进一步指导当前的社会经济发展，解决发展过程中存在的体制机制不合理、评价标准不健全、理论研究不透彻等关键问题。通过对我们设计的相关传导机制和绩效评价体系展开实证研究，有助于检验理论的可行性与适用性，同时也可以对地方经济社会发展提供经验借鉴。

（四）定量分析法

定量分析法是科学研究中常用的研究手段之一，对研究对象进行定量分析会使研究更加精细准确和科学可靠，通过对研究对象进行量化，并逐一进行横向和纵向对比分析，能进一步把握科学规律、掌握事物本质、厘清主体间关系，进而更加准确地揭示事物下一步的发展趋势。在社会科学中，定量分析通常将研究对象进行统计分析和假设检验，最终将研究对象描述成可以简单理解的范畴。

转变经济发展方式的科技创新支撑的评价指标体系设计是一项系统工程，它涵盖与科技创新相关的政治、经济、社会、文化、科技等方方面面。因此，需要从宏观的顶层设计和微观的精细分析两个层次及角度对其展开研究。研究中，宏观视角以科技创新夯实加快转变经济发展方式支撑力的评价体系可由科技创新能力指标体系、科技成果转化指标体系和科技创新促进经济发展方式转变指标体系构成，微观视角则包含企业视角、高校视角和专业研究机构视角关于科技创新支撑经济发展方式转变的绩效评价构建。通过建立一系列的指标体系，并依据生产生活实际科学地赋予其相应的权重，使其更加准确地反映科技创新对经济发展方式转变的支撑效用。

（五）定性分析法

定性分析法是在反实证主义理论影响下形成的一种社会科学研究方法。定性分析法通常会根据研究者对研究对象的主观分析理解，并结合观察、访问和资料收集整理，并对研究对象进行描述研究。定性分析法广泛应用于社会科学各领域，对学术研究和日常生活具有深远影响。定性分析更加强调对研究对象质的分析，更倾向于对不同主体之间抽象与概括的把握与描述，更适用于难以定量描述的事物主体。

转变经济发展方式的科技创新支撑的评价指标体系涵盖的内容广泛、领域全面。研究中除了可以量化的指标外，仍存在一系列难以进行定量分析的指标。特别是在人力资源管理创新指标、文化管理创新指标、战略管理创新指标、财务管理创新指标和社会责任管理指标等方面。运用定性分析法，有助于进一步完善转变经济发展方式的科技创新支撑的评价指标体系，使研究论证更科学，研究方法更适用，研究结论更准确。

四、本书的篇章结构

本书共 14 章，第一章系统论述了转变经济发展方式的科技创新支撑机制与绩效评价相关理论，提出了研究报告的核心问题。第二章至第五章系统探讨了科技创新与转变经济发展方式的相关关系，明确了下一步的研究范围，奠定了研究基础。第六章至第九章系统阐述了研发、创新与经济发展方式转变的传导机制、支撑机制和绩效评价体系，是在承接第一章和第二章至第五章的基础上的理论集成，也是开启后续章节研究的关键。第十章至第十二章全面阐述了科技创新推动经济发展方式转变的框架体系构建和评价指标体系，并进一步提出了推进加快转变经济发展方式科技支撑力的综合配套改革的具体对策。第十三章是以重庆为例，对第一章至第十三章相关理论的实证研究，进一步检验了研究理论与结果的可靠性。第十四章报告总结，提炼了研究报告的核心论点。其中：

第一章是导论，主要包括问题的提出、已有文献综述、研究方法概述和研究的篇章结构。在深化理解我国“科技创新”和“加快转变经济发展方式”内涵的基础上，把两者联系起来以科技创新角度从直接影响和间接影响系统探讨转变经济发展方式的支撑机制和评价指标体系是当前亟待完善的重要理论。对已有文献研究进行梳理将科技创新推动经济发展方式转变的理论研究概括为经典理论研究逻辑、传导机制、支撑机制、绩效评价、原因分析、扩散与转移等方面。在科技创新与经济发展领域，中国共产党经历5代党中央领导集体的实践探索，取得了将科学技术纳入中国现代化的历史使命直到把创新摆在国家发展全局的核心位置的重大成就。在研究方法的运用上，研究涵盖了跨学科研究法、文献研究法、实证研究法、定量分析法和定性分析法。

第二章是科技创新与转变经济发展方式：概念的再探讨，进一步明确了科技创新与转变经济发展方式的重大关系。在充分梳理和总结科技创新的理论与实践内涵的基础上，全面总结了科技创新呈现的网络化、全球化、系统化、协同性等新动态。从转变经济发展方式在我国宏观政策层面的提出，到“转变经济增长方式”至“转变经济发展方式”的思路演进，再到学术界对转变经济发展内涵探讨的梳理，最终落脚在科技创新是转变经济发展方式的应有之义和重要手段。

第三章是对着力于科技创新源头增强转变经济发展方式的支撑动力的研究。深入剖析了经济行为主体科技创新动力不足的原因，探讨了高校、科研院所、企业等经济行为主体科技创新动力源泉，梳理了战略管理影响科技创新、推动经济发展方式转变的市场绩效，提出了实践中增强旨在促进经济发展方式转变的科技创新动力的理论因子，包括增强科技创新的紧迫感；以产学研联盟为载体，加强企业、高校与科研院所的协同创新；强化战略科技力量建设，夯实产业发展与科技进步的支持实力；在增强企业自主创新能力中，寻求推动转变企业经济发展方式的内驱力；在完善激励和导向政策过程中，增强科技创新的动力；加强创新创业人才引进与培养，调动其创新意识和积极性，发挥支撑作用；创新文化建设和完善创新生态环境，激发创新活力。

第四章是对科技创新支撑转变经济发展方式的实现过程与绩效体现的研究。基于科技创新支撑转变经济发展方式的实现过程，从产业链视角审视，对科技创新转换为现实生产力、推动经济发展方式转变的实现会依次经过研发、技术转移、试产与量产几个阶段进行深度分析。挖掘科技创新支撑转变经济发展方式的绩效具体体现，并从科技创新驱动要素产出效率提高和科技创新驱动经济结构的调整与升级等方面进行了详细的理论分析。

第五章是对科技创新推动经济发展方式转变的传导、平台与要素支撑机制构架的研究。在传导支撑机制方面，系统探讨了通过科技创新改变生产要素结构促进转变经济发展方式，通过科技创新促进产业结构调整转变经济发展方式，以及科技创新通过技术进步与管理创新的互动促进转变经济发展方式。在平台支撑机制方面，详细探讨了创新型组织的创新平台、公共研发平台和公共服务平台等创新平台的核心构成要素。在要素支撑机制方面，全面阐述了人才、资金、企业家及其创新才能与精神、科学仪器设备、文化和制度等支撑科技创新的关键要素。

第六章是对研发、创新与经济发展方式转变的研究。转变经济发展方式的核心要义之一是促进经济增长由要素积累驱动转向创新驱动。增强研发的动力和能力，以及提高研发的传播与转化效率是提升研发能力促进创新和经济发展方式转变的两个关键环节；研发投入、研发主体、研发机制是影响企业研发能力的三个重要因素。在提高研发的传播与转化效率、推动基于创新的经济发展方式转变中，特别需要抓好完善政策环境和健全组织机构的功能定位两个关键环节。

第七章是基于科技创新与发展方式转变的研发平台能力提升研究。科学研究和企业技术创新的基础条件及资源保障是培育和建设高质量与好成效的研发平台。按照“统筹规划，优化布局、创新机制、提升能力”的思路，构建“布局合理、设备先进、开放共享、运行高效”的研发平台体系，是当前研发平台能力的总体提升方略。在此基础上，要以统筹规划与优化布局为核心，提升研发平台的系统创新能力；以深化产学研合作为核心，提升研发平台的运行能力；结构优化与示范提升互促，提升研发平台的持续创新能力；以完善体制机制改革为核心，提升研发平台的汇聚资源能力。

第八章是着力于科技成果转化环节提升科技创新促进经济发展方式转变的支撑绩效。从科技创新支撑经济发展方式转变的传导机制看，打通科技与经济之间的桥梁在于促进科技成果的转化。科技成果转化对社会经济发展影响深远。科技创新与经济发展脱节，创新链不完整，各创新及其服务主体的科技成果转化意识和积极性均不高，是当前我国科技成果转化率低的主要原因，调动积极性、丰富渠道、增强主体意识和加强考核是提高科技成果转化率的关键举措。

第九章是结构视野：科技创新与经济发展方式转变。从产业结构审视科技创新对经济发展方式转变的支撑力，关键环节在于走新型工业化道路，实现科技与经济的融合发展。从区域视角寻找夯实科技创新对加快转变经济发展方式支撑力的对策，对于实现区域经济健康、协调与可持续发展有着重要的战略意义，从区域视角把科技创新与转变经济发展方式联系起来的关键纽带是区域科技创新。基于城乡视角，要充分发挥科技创新的重要支撑作用，加快城乡经济结构调整步伐，推动经济发展方式转变。

第十章是基于创新推动的产业体系现代性特征和现代产业体系的架构与发展。产业体系的"现代性"呈现注重产业联动发展、关注产城互动、注重战略性新兴产业的培育与发展、注重科技创新与合作开放同产业化融合发展、强调产业发展的绿色低碳和民生导向等特征。现代产业的类型划分与体系架构体现注重构建现代制造业体系和促进三次产业协同发展。促进现代产业体系的平衡、协调与可持续发展的具体对策：在产业发展类型上，更加重视平衡好主导或支柱产业与战略性新兴产业的发展；在发展动力上，更加注重科技创新与产业化融合和现代产业体系的平衡、协调与可持续发展；在产出成果的体现上，更加重视平衡好现有产品制造能力、新产品开发能力、品牌创建能力；在生产力空间布局上，更加重视产业群与产业区的平衡发展；在推进方式上，更加重视促进"示范提升工程"和"结构优化工程"的良性互动。

第十一章是转变经济发展方式的科技创新支撑的评价指标体系设计与绩效评价。基于宏观视野的转变经济发展方式的科技创新支撑的评价指标体系设计，采用鱼翅结构图的方法，利用层次分析方法进行构建，共构建了一套包含5个一级指标、19个二级指标、76个三级指标的科技创新体系评价标准。基于微观视野的科技创新支撑转变经济发展方式的绩效评价体系设计，从企业视角、高校视角和专业研究机构视角，从定量和定性两个方面构建了相应的评价指标体系，并进行了详细说明。

第十二章是推进加快转变经济发展方式科技支撑力的综合配套改革。构建科技创新的"协同治理"新模式，要进一步理顺科技体制中政府、企业、高校、研究机构等行为主体间的职能及相互间的协作关系，构建层次分明、分工合作、结构合理、鼓励创新的科技管理体制。与此同时，还要推进提升企业创新能力的改革；改进专利制度，完善知识产权保护；科技创新支撑转变经济发展方式的财政政策改革；夯实转变经济发展方式科技创新支撑力的税收政策；

加快科技创新支撑转变经济发展方式的金融改革。

第十三章是转变经济发展方式视角下我国科技创新的实证分析：以重庆为例。通过梳理重庆以科技创新支撑经济发展方式面临的创新型人力资源短缺、创新载体较为欠缺、创新成果转化率低、创投融资体系待完善四大难题，归纳重庆以科技创新支撑经济发展方式转变的总体思路与六大突破口，提出“五轮联动”提升重庆研发投入综合绩效。包括加强自主创新能力，夯实重庆科技创新对经济发展方式转变的支撑力；结构视野下增强科技创新对转变重庆经济发展方式的支撑能力；改善创新资源支持条件，增强转变重庆经济发展方式的支撑能力；着力于科技成果转化，提升重庆转变经济发展方式的支撑能力；重庆提升科技研究开发能力及绩效的制度支持。

第十四章是研究结论。

第二章 科技创新与转变经济发展方式：概念的再探讨

一、科技创新

（一）科技创新的理论与实践内涵

“科技创新”一词从语义上讲，包括科学、技术、创新三重含义。对这个词汇形成全面理解需首先对三个词汇进行分析。

“科学”是一个外来名词，由英文“Science”翻译而来。清末时期，“Science”曾被译为“格致”。明治维新时期，日本学者把“Science”翻译为“科学”。康有为首先把日文汉字“科学”直接引入中文。严复翻译《天演论》和《原富》两本书时，也把“Science”译为“科学”。“科学”一词于20世纪初开始在中国流行起来。当代，据《辞海》解释，科学的含义是指运用范畴、定理、定律等思维形式反映现实世界各种现象的本质和规律的知识体系①。

“技术”一词的希腊文词根是“Tech”，原意指个人的技能或技艺。早期，指个人的手艺、技巧，家庭世代相传的制作方法和配方；后随着科学的不断发展，技术的涵盖力大大增强。据《辞海》解释，技术泛指根据生产实践经验

---

① 辞海［M］．上海：上海辞书出版社，2002.

和自然科学原理而发展成的各种工艺操作方法与技能；更广义的含义除了包括操作技能外，还包括相应的生产工具和其他设备，以及生产的工艺过程或作业程序、方法[①]。

早期，将“科学”与“技术”视为两个各自自主发展，相互间有较大独立性的分系统，是因为一些学者认为它们各自的功能、关注的主要问题及成果的主要形式均不同。以“科学”为主要内容的科学界主要关心新的发现、新知识如何能以满足同行科学家专业标准的形式发表，而应用是次要的。以“技术”为主要内容的工程师和技术员首先关注的是实际应用，以及如何用实物或设计的演示来获得专业上的认可[②]。近年来，这两个词无论是理论层面，还是实践层面，均有融合起来的趋势。这主要是因为，“科学”和“技术”在经济社会发展中的应用意义显著，两者均是推动产业发展和社会进步的重要推动力。在我国建设有中国特色社会主义和实现现代化的实践语境中，科学技术也是合成在一起使用的，通常简称为“科技”，如“科技是第一生产力”。

创新的原义是指以新思维、新发明和新描述为特征的一种概念化过程，通常有更新、创造新的东西、改变三层含义。1912 年，约瑟夫·熊彼特（Joseph A. Schumpeter）在《经济发展理论》一书中将创新引入经济学。按照他的观点，所谓“创新”，就是“建立一种新的生产函数”，也就是说，把一种从来没有过的关于生产要素和生产条件的“新组合”引入生产体系。主要包括五种情况：①引进新产品；②引用新技术，即新的生产方法；③开辟新市场；④控制原材料的新供应来源；⑤实现企业的新组织。[③] 后来，随着经济学创新学派，特别是创新经济学的兴起。创新的内涵设计被纳入由发明、创新和创新的扩散组成的概念体系。一项发明是一种新型的或改进的装置、产品、工艺或系统的想法、草图或模型；发明可以（并不总是可以）获得专利权，但并不必然导致技术创新。从经济的意义上讲，创新指新的产品、工序系统、装置在

① 辞海［M］. 上海：上海辞书出版社，2002.

② ［英］克利斯·弗里曼，罗克·苏特. 工业创新经济学［M］. 华宏勋等译. 北京：北京大学出版社，2005.

③ 张培刚. 中译本序言——对本书的介绍和评论［A］//［美］约瑟夫·熊彼特（Joseph A. Schumpeter）. 经济发展理论——对于利润、资本、信贷、利息和经济周期的考察［M］. 何畏，易家祥等译. 北京：商务印书馆，2000.

现实经济中首次得到采用。发明和创新实现对经济增长的促进作用，还需要一个后续的转移和推广过程。① 这种创新的概念体系，在创新经济学界基本达成高度共识，并成为探讨一系列重要创新问题的概念基础。

“科技创新”在中国改革开放实践层面是在推动中国经济社会发展的贡献角度下，将科技与创新的内涵进一步整合为一个新兴词汇提出的。根据百度词条的解释，科技创新是指创造与应用新知识、新技术、新工艺，或采用新的生产方式和经营管理模式开发与生产新产品、提高产品质量、提供新服务的过程。科技创新主要包括知识创新、技术创新以及现代科技引领的管理创新三种类型。知识创新的核心是科学研究，主要形式是产生新的思想观念和公理体系，其功能是通过界定新概念范畴和提出理论学说为人类认识世界和改造世界提供新的世界观及方法论；技术创新的核心内容是科学技术的发明、创造和价值实现，其功能是通过推动技术进步与应用创新的双螺旋互动，提高社会生产力的发展水平，提升经济增长质量与效率；管理创新由社会政治、经济和管理等宏观管理层面的制度创新和单个经济决策主体微观管理层面的创新构成，其核心内容是通过宏观层面的制度引导与规范，以及微观组织与管理方式的变革，激发创新生产要素的潜力和使用效率，促进社会创新资源的优化配置，为最终实现知识创新与技术创新创造良好的条件。从上述概念体系的建构看，科技创新仍然延续了先前“科学”与“技术”的两分法，遵循了创新的经济学表现形式，但也增添了一些新的内容。一是为使“科学”与“技术”更好地进行并取得新成果，将组织创新纳入科技创新的概念内涵；二是将“科学”与“技术”及其与之相适应的组织形式变化的功能及其表现形式进一步整合到其创新应用性用途上，突出了“科技创新”在经济发展中的作用及方式，彰显了科技创新的经济学功能；三是突出科技创新的体系化特征，强调了三种科技创新类型之间的协调互动，而不是独立发展。例如，作为产业发展创新来源的“以科学为基础的技术”和“以技术为基础的科学”的诞生以及发展便是三种科技创新类型之间的协调互动的明显例证。

① ［英］克利斯·弗里曼，罗克·苏特. 工业创新经济学［M］. 华宏勋等译 . 北京：北京大学出版社，2005.

（二）科技创新的新动态

自 20 世纪 70 年代以来，科技创新展现出一些新的特性。这些新的特性，不仅促进了科学技术快速发展和推动了基于科学技术的一些新兴产业的诞生与发展，而且对经济社会发展的若干方面产生了重大而深远的影响，甚至改变了经济社会发展的总体特征，催生了一个新经济时代的来临。科技创新给经济社会发展所带来的一系列深刻变化，需要在研究科技创新促进经济发展方式转变的支撑机制时，对以 20 世纪 70 年代以来科技创新最重要的一些动态特征有一个总体的认识与把握。

1. 网络化

现代科学技术的迅猛发展极大地增加了知识存量及其复杂性。作为创新来源和基础的知识与技术来源广泛分布于全球各地，使任何一个从事创新的主体都不可能拥有能在所有领域保持领先并给市场带来重大创新所必需的全部知识和技能。在这种背景下，构建一个全球性的创新网络和广泛的社交圈，将在充分利用信息扩散、资源共享、获取专门资产、组织相互学习等方面享受更多益处。那些拥有更宽广网络的组织可能学到更多的经验、获得不同的能力以及更多的机会。① 因而，对科技创新网络类型、功能与结构，创新网络对知识转移的促进、网络的关联特性对创新绩效的影响、创新网络的治理与激励机制的构建展开研究，将构成探索科技创新对转变经济发展方式支撑机制必不可少的组成内容。

2. 全球化

作为当代世界经济最重要的特征，经济全球化使当地与跨国、跨地区经济组织之间的相互依赖性日益增长。而这一趋势背后的重要推动力之一，就是科技创新。近年来，高技术产品占出口比例、研究与开发（R&D）密集型产业占世界贸易的比例、跨国专利申请等多项经济指标充分说明创新活动的国际化趋势大大增强。创新的全球化主要有国内层面创新的国际性拓展、全球范围的

① Beckman C. and Haunschild P. Network Learning: The Effects of Partner's Herterogeneity of Experience on Corporate Acquistions [J]. Administrative Science Quarterly, 2002 (47): 92-97.

创新、全球技术—科学合作三种类型，如表 2-1 所示①。

表 2-1 创新全球化的分类

种类	主体	形式
国内层面创新的国际性拓展	寻求利润的（一国或跨国）企业和个体	①出口创新产品 ②转让许可和专利 ③由内部设计和开发的创新产品在国外生产
全球范围的创新	跨国企业	①本土和东道国的 R&D 和创新活动 ②已有 R&D 实验室的收购或在东道国的绿色 R&D 投资
全球技术—科学合作	大学和公共研究中心 一国企业和跨国企业	①联合科学项目 ②科学交流，休假年 ③国际间学生交换流动 ④特定创新项目的合资企业 ⑤技术信息和（或）设备交换的生产协议

对创新全球化类型的动因、合作方式的选择、影响创新集中与分散布局的力量、跨国公司的作用等进行分析，将为如何拓展创新的知识与技术来源、提升国际间的科技成果传播与转移效率、进一步改进创新的组织方式、提升创新平台，从而为提升科技创新对转变经济发展方式的支撑力、优化支撑机制提供有效的理论借鉴和经验支持。

3. 系统化

近几十年来，对创新的发生及推动主体研究的一个重要发现是创新的系统性明显增强。一方面，表现在创新主体很少孤立地进行创新，与顾客、供应商、竞争者以及各种各样的私营或公共组织的合作创新在创新数量中的比例大大增加；另一方面，政府在科技创新中的引导、推动、扩散和技术转移中的地位和作用明显增强。与此相适应，对创新系统的研究引发了学者的强烈关注。创新产业集聚与集群、区域创新系统与国家创新系统的研究尽管没有最终对一

① Archibugi D. and Michie J. The Globalisation of Technology: A New Taxonomy [J]. Cambrige Journal of Economics, 1995 (19): 121-140.

些关键概念达成共识和形成一套被高度认可的理论化分析方法，但提出这个问题、建立概念性框架、开展典型案例研究、探索其中的重要影响因素等，已成为学术界研究的热点问题。为使科技创新对经济发展方式转变的支撑机制研究具有更为开阔的视野和形成相对全面的理解，需要进一步对创新系统的构成与影响因素、功能特征、动力来源、主体与规划、框架及制度体系方面开展系统化的研究，从它们的相互联系中找到更加全面和有效地解决问题的答案。

4. 协同性

创新资源的分散性、创新来源的多元化、创新过程的复杂性以及创新体系的系统性等特征，决定了当今世界越来越多创新成果的取得需要多元化的协同。突出科技创新的协同性，目前理论界与决策层为之确定了专门的词汇，即协同创新。协同创新是指创新资源和要素通过突破创新主体间的壁垒实现有效汇聚、优势互补、深度合作。其具体协同形式，既包括创新要素的协同，也包括创新平台的协同、创新主体之间的协同、创新过程上的协同。可以说，协同，已渗透到创新体系的各个环节，成为当今实施科技创新的新范式和提升创新能力的重要组织方式。

在协同创新的目标导向上，根据教育部《高等学校创新能力提升计划》（以下简称“2011 计划”）的文件要求，结合科技创新的重大需求、主要任务、合作主体的不同，协同创新中心分为面向科学前沿、面向文化传承创新、面向行业产业和面向区域发展四种类型。其中，面向科学前沿的协同创新中心是以自然科学为主体，以世界一流为目标，通过高校与高校、科研院所以及国际知名学术机构的强强联合，使之成为代表我国本领域科学研究、人才培养水平与能力的学术高地。面向文化传承创新的协同创新中心是以哲学社会科学为主体，通过高校与高校、科研院所、政府部门、行业产业以及国际学术机构的强强联合，使之成为提升国家文化软实力、增强中华文化国际影响力的主力阵营。面向行业产业的协同创新中心是以工程技术学科为主体，以培育战略性新兴产业和改造传统产业为重点，通过高校与高校、科研院所，特别是与大型骨干企业的强强联合，使之成为支撑我国行业产业发展的核心共性技术研发和转移的重要基地。面向区域发展的协同创新中心是以地方政府为主导，以切实服务区域经济和社会发展为重点，通过推动省内外高校与当地支柱产业中重点企业或产业化基地的深度融合，成为促进区域创新发展的引领阵地。这四种不同类型的协同创新中心，恰好覆盖了先前科技创新包括的核心内涵和主要的创新表现形式，体现了我国“坚持科学技术是第一生产力的思想，经济建设必须依靠科学技术，科学技术必须面向经济建设，努力攀登科学技术高峰”的科技工作方针。

二、转变经济发展方式

（一）转变经济发展方式在我国政策层面的提出

转变经济发展方式在我国缘起于转变经济增长方式，是党和国家对经济发展一般规律和我国经济发展阶段、主要矛盾、发展任务与要求认识深化的结果[①]。早在20世纪50年代中期，一些经济学家和经济工作者开始注意到计划经济体制忽视价值规律作用、不重视效率等弊病，关注到经济增长过程中资本和劳动力的使用效果，形成了粗放型、集约型、外延型、内涵型等表示经济增长特点的概念。改革开放以来，党和国家围绕提高经济增长的效率与质量先后提出了“要从粗放经营为主逐步转到集约经营为主”“经济增长方式从粗放型向集约型转变”“转变经济增长方式，改变高投入、低产出、高消耗、低效益的状况”等论断。21世纪发展的新阶段，根据经济社会发展中存在的突出矛盾和新问题，依据科学发展观的指导思想，为了实现从“又快又好”到“又好又快”的转变，胡锦涛在2006年中央党校省部级干部进修班上进一步提出把转变经济发展方式作为实现国民经济又好又快发展的重要手段。党的十七大报告正式从中央文件层面提出“转变经济发展方式”，并将其上升至关系国民经济全局的重大战略任务高度，提出了转变经济发展方式的三条基本思路，即“促进经济增长由主要依靠投资、出口拉动向依靠消费、投资、出口协调拉动转变，由主要依靠第二产业带动向依靠第一、第二、第三产业协同带动转变，

① 唐龙. 从“转变经济增长方式”到“转变经济发展方式”的理论思考［J］. 当代财经，2007（12）：5-10.

由主要依靠增加物质资源消耗向主要依靠科技进步、劳动者素质提高、管理创新转变”①。此后，党和国家在一系列会议与文件中结合世界发展的新形势、新趋势，以及我国经济发展的新要求、新问题进一步对转变经济发展方式作出了一系列重要指示。如《中共中央关于制定国民经济和社会发展第十二个五年规划的建议》提出了转变经济发展方式的五项基本要求，即坚持把经济结构战略性调整作为加快转变经济发展方式的主攻方向；坚持把科技进步和创新作为加快转变经济发展方式的重要支撑；坚持把保障和改善民生作为加快转变经济发展方式的根本出发点和落脚点；坚持把建设资源节约型、环境友好型社会作为加快转变经济发展方式的重要着力点；坚持把改革开放作为加快转变经济发展方式的强大动力②。党的十八大对转变经济发展方式的要求从“加快”转向“加快形成”。作为实现全面建成小康社会目标的新要求，转变经济发展方式需在“发展的平衡性、协调性、可持续性明显增强的基础上”取得重大新进展③。

（二）从“转变经济增长方式”到“转变经济发展方式”的思路演进

增长方式问题一直是中国经济的大问题。我国经济建设从低水平起步，基础差、底子薄，长期处于相对封闭状态。受经济发展所处阶段及整体技术水平的限制，我国主要依靠增加要素投入和物质消耗推动经济增长，带有明显的高投入、高增长、低效益的粗放特征。为提高经济增长的质量和效益，无论是理论界，还是党和政府的各级决策层，都高度重视转变经济增长方式。

转变经济增长方式指从主要依靠生产要素投入数量增加来实现经济增长逐步转移到主要依靠提高生产要素的使用效率来实现经济增长。早在20世纪50年代中期，一些经济学家和经济工作者开始注意计划经济体制忽视价值规律作用、不重视效率等弊病；指出要重视生产活动中“不惜工本”的问题；讨论了

① 胡锦涛．高举中国特色社会主义伟大旗帜　为夺取全面建设小康社会的新胜利而奋斗［A］//十七大报告辅导读本［C］．北京：人民出版社，2007.

② 中共中央关于制定国民经济和社会发展第十二个五年规划的建议［M］．北京：人民出版社，2010.

③ 胡锦涛．坚定不移沿着中国特色社会主义道路前进　为全面建成小康社会而奋斗［A］//中国共产党第十八次全国代表大会文件汇编［M］．北京：人民出版社，2012.

改变粗放式发展道路的必要性与方法；提出了依据价值规律改革计划经济体制的主张。20 世纪 60 年代，我国从苏联引入了“外延增长”和“内涵增长”的概念，并分析和比较了其优劣。在这些讨论中，开始关注到经济增长过程中资本和劳动力的使用效果，形成了粗放型、集约型、外延型、内涵型等表示经济增长特点的概念。1987 年，党的十三大提出要从粗放经营为主逐步转向集约经营为主的轨道。1995 年，党的十四届五中全会明确提出两个具有全局意义的根本性转变，即经济体制从传统的计划经济体制向社会主义市场经济体制转变，经济增长方式从粗放型向集约型转变。1997 年，党的十五大又明确提出：“转变经济增长方式，改变高投入、低产出，高消耗、低效益的状况。”这些提法对指导我国经济发展发挥了重要作用，形成了一个较长的高速经济增长期。但是，从中国转变经济增长方式的经历看，尽管理论界与实践界对粗放型经济增长的害处和转变经济增长方式的重要性均存在高度共识，可问题在于，增长方式至今仍然没有完全转变过来，甚至在 21 世纪一开始反而出现了由粗放型经济增长方式所引发的过度投资和经济过热。根据张立群教授的研究，中国在 1978～1995 年，全要素生产率提高对经济增长速度的贡献率为 43%；而在 1995～2001 年，全要素生产率提高对经济增长速度的贡献率则降低到 27.8%①。

在全面建成小康社会的新阶段，城乡居民消费结构不断升级，对改善人居环境和生活质量提出了新要求。工业化、城镇化加速发展，将带动基础产业、城市基础设施和公用事业等领域的投资显著增加。2020 年，我国经济仍有巨大的发展潜力。与此同时，重化工业和城镇化的快速发展，对土地、淡水、矿产和能源等战略资源的保障和生态环境产生持续压力；高附加值、高技术含量和低消耗、低排放的先进制造业发展滞后，现代服务业发展严重不足，经济结构性矛盾凸显；农业基础仍很脆弱，城乡居民收入差距扩大的趋势还没有得到遏制，城乡二元结构矛盾突出；区域经济差距继续拉大，区域产业特色不突出，区域协调发展的任务依然艰巨；外部经济环境的不确定和不稳定因素有增无减，经济全球化向纵深发展给我国粗放型经济增长方式带来新的压力。

有鉴于此，党的十六大以来，党和国家基于对国内经济形势及国际经济环

① 张立群．我国经济增长方式转变进程分析［J］．学习与研究，2006（2）：29-31.

境的正确判断，通过进一步深化认识我国经济发展规律形成了新时期指导经济社会发展全局的科学发展观。科学发展观，第一要义是发展，核心是以人为本，基本要求是全面协调可持续，根本方法是统筹兼顾。科学发展观的提出并在指导中国经济建设的实践中逐步完善说明，经济增长率不应该成为衡量经济成就的唯一指标，经济成就的高低还需要用其他社会发展指标的改善程度加以衡量。根据经济社会发展中存在的突出矛盾和新问题，2006 年的中央经济工作会议结合在贯彻落实科学发展观方面的新体会，提出实现又好又快发展是全面落实科学发展观的本质要求，从而首次站在国民经济发展全局的高度把经济增长的质量与效益置于经济增长速度优先的地位来评价经济发展的成就。之后，胡锦涛在中央党校省部级干部进修班上进一步提出把转变经济发展方式作为实现国民经济又好又快发展的重要手段，从而把我国过去一直所讲的“转变经济增长方式”正式改为“转变经济发展方式”。这一新的提法富有新意，是贯彻落实科学发展观的必然要求，是党对我国经济发展规律认识进一步深化的一个重要标志，蕴含着党和国家指导经济发展的思路发生了重要调整。

转变经济发展方式相对于转变经济增长方式，内涵更加丰富与深刻。它不仅包括经济增长方式从粗放型转向集约型，也包括把盲目地单纯追求 GDP 量的扩张转到更加注重优化经济结构、提高经济效益和经济增长质量上来；把见物不见人的陈旧理念转变到以人为本，更加注重不断提高人民群众的物质文化生活水平，让广大人民群众分享改革发展的成果，切实维护和实现最广大人民的根本利益的新的发展理念上来①。这一思路的调整，意味着在发展的手段上，不能仅仅局限于经济要素的投入和使用方式上，要立足于促进人本身的发展、提高人对经济生活的参与度和对发展成果的受益度。而且，在发展的目标上，再也不是加快 GDP 或人均 GDP 的增长率以提高人民的物质文化生活水平，而是要促进整个社会和谐。因此，转变经济发展方式，关系发展理念的转变、发展道路的选择、发展模式的创新，实质上是解决新时期发展的新阶段如何发展得更好的问题。

① 中央党校邓小平理论和“三个代表”重要思想研究中心．转变经济发展方式，完善社会主义市场经济体制，实现国民经济又快又好发展［N］．北京日报，2007-07-10.

（三）学术界对转变经济发展方式内涵的探讨

尽管党和国家在一系列会议与文件中对转变经济发展方式给予了许多重要指示，但对于这一概念本身的内涵却没有一个正式的表述。与此同时，经典理论经济学中也没有对“转变经济发展方式”内涵的正式探讨。在这样的背景下，政府高层决策者与学术界围绕“如何转”“转什么”“怎样转”“如何评价”等一系列问题开展了探索与研究。转变经济发展方式这一主题2007年后成为讨论非常热烈的一个研究课题。

从已有公开发表的文献看，在转变经济发展方式概念的提出逻辑上，学术界基本认为，经济发展方式是具有中国特色的经济学概念，由经济增长方式概念发展而来，是我国经济理论界和决策层的集成创新成果①。也有学者是在相对其他概念体系的视角下提出转变经济发展方式概念的。如相对于经济发展模式与发展机制视角，相对于发展绩效与发展方式评价视角②。对转变经济发展方式概念内涵的理解，一些观点围绕转变经济发展方式的目标体系和约束条件对其进行拓展。如将向发展目标多元化，向经济增长的质量和效益并举，向以人为本的发展核心，向经济结构全面优化，向知识经济条件下的发展方式，向建设资源节约型、环境友好型社会转变等纳入转变经济发展方式的目标体系③；将资源环境、民生改善等因素纳入转变经济发展方式的约束条件。另一些观点是从实现机制或保障条件来理解转变经济发展方式内涵的。如认为加快转变经济发展方式的前提是以人为本，重点是经济结构调整，目标是统筹协调发展，核心是自主创新，根本保证是社会主义基本经济制度④。还有些观点是从哲学层面理解加快转变经济发展方式的核心内涵，如转变经济发展方式的核心是由“以物为本”转向“以人为本”⑤。只有为数很少的文献直接对转变经

①② 宋立．经济发展方式的理论内涵与转变经济发展方式的基本路径［J］．北京市经济管理干部学院学报，2011（9）：3-7.

③ 黄泰岩．转变经济发展方式的内涵与实现机制［J］．求是杂志，2007（18）：6-8.

④ 王宁西，张文婷．加快转变经济发展方式的时代内涵［J］．北京交通大学学报（社会科学版），2012（1）：73-76，82.

⑤ 裴广一，刘志洪．论转变经济发展方式的核心内涵及实践路径［J］．学术论坛，2010（11）：101-104.

济发展方式的概念给予了直接的表述。如认为转变经济发展方式可以理解为在约束条件强化和目标体系多元化的条件下，通过经济体制改革、创新机制形成及其推动的经济增长方式转变和经济结构调整优化的互动与集成，形成新的资源配置模式、生产要素组合方式、生产要素报酬决定机制以及经济增长与发展动力机制，以便提高经济发展的水平、质量以及协调性、包容性、均衡性与可持续性，实现科学发展[①]。

（四）转变经济发展方式的概念小结

领会转变经济发展方式在我国政策层面的提出背景和已有文献对转变经济发展方式的内涵探讨，我们认为，转变经济发展方式是21世纪为更有效地解决我国经济社会发展的重大"瓶颈"问题，进一步提升经济发展质量与绩效提出的一个概念。这个概念的内涵非常庞大，不仅包括经济增长源泉与实现机制等实现经济发展的内容，也包括若干价值观、制度保障、实现目标或约束条件变化的内容。由于转变经济发展方式所涉及的内涵非常庞大，到目前为止，学术界还没有从学理的角度对转变经济发展方式的概念作出一个具有高度共识的界定。我们在综合分析我国转变经济发展方式的提出背景、政策表述和学术界已有研究成果的基础上，综合考虑指导思想、约束条件、目标系统、动力源泉、保障条件、推进机制、根本要求及其相互作用与影响的方式等方面因素，对转变经济发展方式的内涵体系作如下界定：所谓转变经济发展方式，是指以科学发展观为指导，在节约资源与保护环境、保障和改善民生的前提下，通过科技创新与改革开放注入发展动力，通过体制改革提供发展保障，通过政府与市场双向协同推进，在促进全面、协调、可持续发展的基础上，实现要素集约型发展，促进需求结构、产业结构、要素结构调整，提升经济发展的质量。具体如表2-2所示。

---

① 宋立．经济发展方式的理论内涵与转变经济发展方式的基本路径［J］．北京市经济管理干部学院学报，2011（9）：3-7.

表 2-2　转变经济发展方式的内涵体系

指导思想	科学发展观
约束条件	节约资源与保护环境；保障和改善民生
目标系统	科技进步的贡献率；经济结构调整（需求结构；产业结构；要素结构）
动力源泉	科技创新；改革开放
保障条件	体制改革
推进机制	政府与市场双向协同
根本要求	全面、协调与可持续

三、科技创新是转变经济发展方式的应有之义和重要手段

将科技创新与转变经济发展方式纳入一个概念体系，打开科技创新的黑箱，探讨其促进经济发展方式转变的传导机制，不仅是理论经济学今后重点需要加强的研究方向，也是制定相应政策、推进工作、评价工作成效的重要基础工作。发达国家近二百年经济增长方式的演变史证明：经济发展方式经历了粗放→集约→创新驱动的一般轨迹①。这种由要素驱动型经济发展方式向创新驱动型经济发展方式转变的轨迹证明，科技创新是转变经济发展方式的应有之义和重要手段。这个观点，在理论经济学中早已有所反映。如把包含科技进步的全要素增长率是否低于或高于 50%作为划分粗放型的经济增长和集约型经济增长的主要依据②。转变经济发展方式要求提高科技进步促进经济增长或结构性调整的贡献率，关于技术进步与经济增长及其增长方式转变的研究成为理论经济学研究的热点与难点问题，在我国转变政策实践中也明确提出要坚持把科技进步和创新作为加快转变经济发展方式的重要支撑③。党中央和国务院在加

① 王宏淼．发达国家经济增长方式二百年演变及启示［A］//张平，刘霞辉．中国经济增长前沿［M］．北京：社会科学文献出版社，2007.

② 高峰．发达资本主义国家经济增长方式的演变［M］．北京：经济科学出版社，2006.

③《中共中央关于制定国民经济和社会发展第十二个五年规划的建议》提出：坚持把科技进步和创新作为加快转变经济发展方式的重要支撑。深入实施科教兴国战略和人才强国战略，充分发挥科技第一生产力和人才第一资源作用，提高教育现代化水平，增强自主创新能力，壮大创新人才队伍，推动发展向主要依靠科技进步、劳动者素质提高、管理创新转变，加快建设创新型国家。（参见中共中央关于制定国民经济和社会发展第十二个五年规划的建议［M］．北京：人民出版社，2010）

快转变经济发展方式及加快形成新的经济发展方式的一系列文件和领导的重要讲话中，均对科技创新的重要性及如何发挥科技创新的支撑作用作了重要的指示与部署。

四、支撑机制

机制原指机器的构造和工作原理。后来，这个概念被借用到生物学和医学领域，指生物体的组成结构及在变化过程中的相互关系。当前，该概念被进一步应用于自然科学和社会科学研究中，主要指研究对象的构造、功能及其相互关系。从这个意义上讲，科技创新对转变经济发展方式的支撑机制是指以科技创新为原因、转变经济发展方式为结果所组成的因果体系的构造、功能及其相互关系。根据对科技创新与转变经济发展方式的概念解读，其支撑机制主要是由科技创新动力机制、科技创新促进经济发展方式转变的传导机制、科技平台支撑机制、科技资源要素支撑机制、绩效评价机制和保障机制组成的有机支撑体系。

五、绩效评价

以科技创新支撑经济发展方式转变的绩效评价的主要要素包括五个方面：一是评估指标体系；二是指标评价标准；三是指标权重；四是综合评分方法；五是数据采集方法。其中，指标体系主要基于科技创新支撑经济发展方式是一个综合的、复杂的系统工程，我们依据这一因果体系的动态过程和结果体现，按照系统性、简洁性和敏感性、可获取性、连续性和可比性评价指标选择原则构建评估指标体系，将指标体系基于投入—产出体系分为科技创新支持要素、科技创新资源投入、科技创新产出、经济发展方式转变五个部分。为进一步满足以科技创新支撑经济发展方式转变绩效评价的不同主体的目的，使之具有广泛适用性和指导性，我们在从宏观视野设计转变经济发展方式的科技创新支撑的评价指标体系的同时，也在微观主体上分别从企业、高校和科研院所三大创新主体的角度设计了转变经济发展方式的科技创新支撑的评价指标体系。评价指标体系包括定量指标和定性指标，主要通过规定的参数数值直接量化处理定量指标；设定不同的等级标准量化处理定性指标。在指标权重设计方面，我们在指标体系和评分标准确定的前提下，采用了德尔菲法和层次分析法等确定指标的权重以体现各项指标的相对重要程度。绩效评价主要通过一定的数学模型（或算法）将多个评估指标值“合成”为一个整体性的综合评估值。数据的收集主要由国家和地方的统计年鉴、相关的数据库资源和一部分经整理形成的数据组成。

第三章　着力于科技创新源头增强转变经济发展方式的支撑动力

科技知识来源于科学与技巧。科学是显性知识，获得途径主要是通过系统学习；技巧是隐性知识，获得途径主要是通过干中学。将科学与技巧结合起来，用于解决经济社会中的现实问题，则需要将科学与技巧转化为技术。从这个意义上理解，技术本身包含着一定的经济功能。技术管理包含技术的识别、获取和评价，技术选择和过程管理，其目的是促进技术变革，进而影响市场结构与游戏规则，从而引发产业震荡，直接或间接地促进经济发展方式转变。从这个意义上讲，科技创新支撑经济发展方式转变的绩效，一方面取决于各经济行为主体科技创新动力是否充足，另一方面取决于机制设计是否合理。本章我们着重探讨着力于科技创新源头增强转变经济发展方式的支撑动力；下章着重探讨科技创新促进转变经济发展方式的支撑机制。

一、经济行为主体科技创新动力不足的原因

绝大多数创新决策者对知识与技术的重要性均有所认知，但却缺乏动力和手段来推进和落实。其原因在于知识与技术存在一些不确定性。

一是缺乏知识与技术价值评定的相对客观和被高度认可的标准。科技属于“软资产”，其价值评估往往带有较大的主观性，对于那些产品与服务周期越长的行业越是如此。相对于劳动密集型产品，知识型产业的准入门槛高，但外溢性较强，如果处理不好就难以可持续推动，从而影响其市场价值和市场评估。

创新成果的市场预期收益及成长空间在市场推广的初期因受人们过去经验的认识也常常会出现偏差。例如，第一台大型计算机刚下线的时代，一些决策者对该产品的市场前景很悲观。对“软资产”的变现价值很大程度上取决于买卖双方的谈判与议价能力。知识与技术的价值评定也会受到相关制度的影响。以知识产权为例，是否侵犯知识产权，如何计算知识产权的合理补偿标准，不仅涉及知识创新复杂性、模糊性和专业性，还受法律与制度环境、价值观念和利益集团的强烈干扰，很难得到高度一致的认可。事实上，这类争议处理结果要么是各方妥协达成大致认可，要么受强权压制屈服。缺乏知识与技术价值评定的相对客观和被高度认可的标准，在很大程度上影响了经济行为主体科技创新的积极性。

二是知识与技术不同变现途径的价值评判难以精确量化。知识与技术的价值变现能力越强，科技创新的动力越充足。科技创新实现收益的途径分为直接变现和间接变现两种方式。直接变现的途径主要是通过技术出售、出租或股权投资获得。间接变现的途径主要体现为：物化为新产品或新服务提升销售收益；物化为产品或服务的新功能提升销售收益；物化为新工艺、新设备提高生产率进而提升收益；改进管理流程或提高基础设施支持能力提高生产率进而提升收益。通常来说，知识与技术的直接价值变现收益较易把握，但其间接价值变现收益却不易把握，从而在一定程度上影响经济行为主体科技创新的动力。

三是知识与技术的价值与市场绩效的相关度界定。从经济学的角度看，高知识与高技术的价值并不能代替市场可行，市场绩效还受制于生产成本、市场空间、管理水平等多重因素的影响。这在很大程度上降低了知识与技术的价值与市场绩效的相关度，降低了创新决策者对知识与技术商业化运用与市场推广的积极性。事实上，我们常常看到一些知识与技术价值含量高的科技成果，往往经历了很长的时间才逐步被商业化推广。

二、经济行为主体科技创新动力源泉

（一）高校科技创新的动力源泉

从系统论角度看，高校科技创新动力由多元化的因素相互作用形成。大致说来，高校科技创新动力主要来源于以下四个方面：

1. 责任感与使命感是加强高校科技创新的精神动力

发展科学、服务社会是高校重要的职能和使命。作为国家创新体系的重要组成部分之一，高校产生高水平和高层次的科技成果，并通过科技成果的商品化和产业化服务促进科技与经济的融合发展从而为转变经济发展方式做出贡献，不仅能提高高校在学术界的声誉，也能使高校在承担振兴民族经济、发展科技的重任中增强责任感与使命感。基于责任感与使命感的增强，可激发高校科研人员的好奇心、兴趣、个性化、事业心和对科学的献身精神，围绕政府或市场需求集中精力投入科技创新活动，在创新的过程中实现自身的社会价值和自我价值，并反过来进一步激发高校科技创新人员的精神动力。

2. 政策导向是加强高校科技创新的引导力

一是在落实国家科技发展战略，公布国家、部门及地方重点资助的研究领域和重点资助的研究方向和研究课题上，加大有利于促进经济发展方式转变的科技支撑的项目或课题的扶持力度，引导科技从业人员围绕该目标从事科技创新活动。

二是创造有利于科技人员从事创新活动的激励政策。鼓励高校科技人员到企业兼职，或领办、创办高新技术企业，促进科技成果转化。对符合政策鼓励方向的科技成果产业化转化，在创办高技术企业时为其提供银行贷款、税收优惠、场地等方面的支持。

三是加大科技成果奖励的力度。尤其是对关系到转变经济发展方式的重大基础性创新、薄弱环节的科技攻关、辐射面广的共性技术支持等，可进一步加大科技成果奖励的力度，激发高质量、高水平的科技成果产出，使转变经济发展方式的科技创新支撑能取得关键性和实质性的突破。

3. 政府科技经费支持是高校加强科技创新的推进力

对于外溢性、公益性和不确定性强的公共研发、基础研发和共性技术研发活动，政府可通过“863”计划、火炬计划、星火计划、创新基金、专项基金、攻关项目、重大产业化项目等各种专项科技经费支持来调动创新创业的积极性和主动性，引导、鼓励高校科技人员按照国家的需求开展科技创新。

4. 市场需求是激发高校科技创新的拉动力

需求结构的变动是转变经济发展方式的重要内容。随着新技术革命和信息技术的发展，国外技术、商品的进入，人民生活水平的不断提高，人们的物质需求层次、方式和满足需求的手段不断发生变化。随着产品生命周期的缩短，商品更新换代的节奏不断加快，企业必须不断加强新技术、新工艺和新产品的研制及开发才能获得和维持持续的竞争优势，提高经济发展质量。现代科技的复杂性、先进性和创新性特征，使仅仅依靠企业从事高新技术和从事技术含量高的产品开发，以及工艺或装备的改进面临严重的资源要素支持不力的困扰。因此，企业通过难题招标、专项研究经费资助等方式与高校加强科技创新合作，根据市场需求有目的地开展科技创新是一条务实高效的提升企业创新能力的途径。新技术、新产品、新工艺极大地拓展了企业的成长空间、提升了企业的盈利能力，调动了企业增强创新能力的积极性，也能通过专利保护、技术转让、许可协议、技术入股等多项制度创新保护创新者收益，从而调动高校科技人员不断进行科技创新的积极性。

（二）科研院所科技创新的动力源泉

1. 科技人员的创新动力是科研院所科技创新动力的根基

科技人员是科研院所从事科技创新活动的直接实施者。提高员工创新意识，帮助员工了解和把握产品、技术和工艺的最新状态和发展趋势，激发员工创新灵感，为员工提供科技创新的舞台，将使员工的创新动力不断增强。从实践看，科研院所科技创新成果多由集体合作取得，因而加强员工团队精神和合作意识，营造良好的沟通机制和相互学习氛围，将大大地激发员工的创新动力。

2. 创新文化是激发员工创新的精神动力

文化属于柔性管理，主要通过价值引导、感情注入和习惯养成影响员工行为。以学习、开放、包容和合作等为核心的创新文化形成，能够有效地把员工的思想和行为引导到服从与服务于科研院所的发展目标上，从精神层面增强员工的工作积极性和主动性。良好创新文化的形成，还可以从更深层面影响科研院所的创新机制和一系列创新政策的形成，从而间接对激发员工的创新行为产生深刻影响。

3. 创新收益是确保科研院所创新的经济动力

科研院所从事科技创新活动的经济动力在于获取并维持创新收益。通过对产品、技术、工艺和管理等方面的不断改进和根本性创新增加产品的市场份额，开拓新产品和新技术市场，可使科研院所一段时间内成为某种商品的特定生产者，从而获得商品定价权和市场有利地位。科研院所利用其所拥有资源来获得创新收益的实力和可能性是科研院所创新能力的综合体现。较强的创新能力还可以保证科研院所在较高的科技层次上进行自主创新，取得较大的科技竞争优势。创新收益的获得反过来也会为科研院所获得良好的发展条件与环境提供保障，使科研院所有条件和能力投入更多资源到创新活动中以谋求更多的创新成果。

4. 市场需求与竞争诱导并激励科研院所不断创新

基于市场需求诱导的科技创新是实现科技与经济融合发展的重要方式。市场是科研院所不断创新的基本刺激与约束力量。完整的市场体系应包括生产要素市场和产品市场。生产要素市场的变化会引起科研院所创新成本的变化，进而影响科研院所进行创新活动的积极性和创新实现路径。产品市场需求的变化也会倒逼科研院所拓展产品功能、改进生产工艺和技术、开发新产品。科研院所科技创新的动力不仅仅来源于市场需求，也来自激烈的市场竞争。要在激烈的竞争中求得生存和发展，科研院所必须更新技术以保证其利益目标的实现，增强其产品和技术的竞争力，改善科研院所在市场中的竞争地位。

（三）企业科技创新的动力源泉

随着国内经济发展步入新常态，市场改革渐入深水区，经济增速换挡、产业结构调整、企业转型升级成为时代潮流与趋势，也是转变经济发展方式的攻艰环节。在经济下行压力不断加大的背景下，企业深层次矛盾凸显、新问题层出不穷，经营管理面临巨大挑战，甚至难以适应市场形势的变化。在这样的大背景下，创新成为企业突破传统理念、集聚高端人才、抢占需求市场、营造良好生态、实现持续发展的最重要的途径。企业实现科技创新的动力源泉要从企业内外两个方面探寻。外部动力来源于市场竞争、市场需求、政策法规、科技水平等；内部动力来源于企业家精神、企业利益、创新资源、企业文化等。

1. 企业创新的外部动力源泉

一是市场竞争。企业要想在激烈的市场竞争环境下有立足之地并经营成功，必须能够适应市场变化，具备符合潮流的竞争优势。在“丛林法则”的市场竞争中，人才抢夺、市场抢占、原料争夺等竞争态势是迫使企业不断创新的外部环境压力，这些外部环境压力对企业而言便是创新的重要动力。因为，生存危机促使企业必须时刻保持警惕。企业只有在创新活动中取得先机，才能够重构市场格局，进而在人才、市场、原料等方面赢得主动权，在市场竞争中立于不败之地。

二是市场需求。企业创新活动的方向和水平直接受市场需求的影响及制约。市场需求直接创造企业赖以生存的经济空间，创新活动是企业为迎合市场需求、挖掘经济价值而发起的一种自发行为，直接导致了企业变革和技术创新，促进了企业的可持续发展。当市场出现新的需求或呈现新的需求发展趋势时，企业为抢占市场和追求经济价值，便会主动迎合甚至主动引导这种需求，长期积累便形成了新的技术创新。市场需求也会随着经济社会发展呈现多元化、个性化、高技术化等特征，且逐步形成新的产品市场，从而加速企业创新活动。

三是政策法规。企业创新深受政府政策方向和政策环境的影响，特别地表现在政府的发展规划、发展目标、发展生态、税收政策、金融政策、科技政策等方面。政府的激励机制能够引导企业自主进行技术改造和升级，包括财税激励、财政补贴和金融支持等行为能够降低企业创新成本，激发企业创新活力；政府通过简政放权，能够加快项目落地，提高企业创新效率，同时赋予企业更多的技术创新自主权，使企业更能符合市场需求；政府采购能够引导企业转型升级，实现企业创新发展；政府通过营造公开透明的创新环境，能够从根本上激发企业创新动力。

四是科技水平。科技水平决定了企业创新的高度和深度，也深刻影响着企业创新的维度。科学技术水平的进步能够促进企业在技术、工艺和产品等方面的创新，为企业创新提供最根本的技术支撑和基础保障。科学技术的发展史深刻影响着企业创新的全过程。每一次科技革命的爆发都会引发新一轮的企业创新活动；同时，创新作为引领发展的第一动力，决定企业发展的速度、规模、结构、质量和效益。科技带动进步，创新驱动发展，科技发展水平促使企业创新迈上新台阶。科技发展能够有效地提升企业管理，进一步完善企业创新的机制构建；科技发展能够助推企业转型升级，使企业向更绿色、更环保和可持续的方向发展；科技发展能够助推企业盈利增效，提高企业创新活动的效率，为企业再创新营造良好氛围。

2. 影响企业创新的内部因素

一是企业家精神。企业家精神是企业核心竞争力的重要来源之一，也是推动企业长远发展的不竭动力。企业家精神包含创新精神、风险承担精神以及强烈的使命感和责任心。企业家精神要达到创新的目的是通过市场导向，在创新动力和企业禀赋的共同作用影响下，经过探索和识别创新机会和资源整合的过程，最终实现制度创新、技术创新和价值创新 。企业家精神能够促进整个企业创新观念的产生，实现企业发展与成长，同时是完善企业经营管理和推动企业扩张的核心要素。此外，企业家精神能够影响和吸引一批人才为共同的事业开拓创新。

二是企业利益。创新意味着变革，会冲击甚至颠覆一些固化的利益格局，同时也在构建新的利益点。追求利益最大化是企业的根本，是衡量企业行为的重要标准。正是技术创新带给企业超额利润诱使企业不断变革，推动企业不断进行创新活动。企业是否进行创新最终取决于创新成本和收益的比较分析。若企业创新的不确定性较小、创新成功率较高、投资成本较低、成功后预期收益较大，企业就会在利益的驱使下进行创新。创新改变企业原有利益格局相对较小、对原有体系冲击较小时，企业创新的阻力越小。

三是创新资源。创新资源是为从事科技创新所需要投入的人力、物力、财力等方面的要素，它是支撑企业创新活动开展的基础和重要保障。相对于社会对企业技术创新的资源投入需求，创新资源，尤其是核心创新资源非常短缺。利用有限的创新资源投入获取更多的创新成果，需要制定正确的技术创新战略规划，并为创新资源的配置与利用提供良好的条件。

四是企业文化。企业文化包括价值观念、企业精神、道德规范、行为准则、历史传统、企业制度等。营造良好的企业创新文化，能充分激发企业员工的创新内驱力，减少企业创新和发展进步过程中的阻力。企业文化是企业的灵魂，它贯穿企业始终，是企业创新活动中重要的软实力。

三、战略管理影响科技创新，推动经济发展方式转变的市场绩效

一是经济行为主体面临科技变革时要依据其能力与市场地位来决定战略选择。能力强、市场地位高、适应变革准备充分的经济行为主体可通过进一步提升专业化能力来引领市场的发展；能力强、市场地位不高、适应变革准备不充分的经济行为主体可通过强化市场的主导地位、修改游戏规则或技术标准等手段来维持和增强经济行为主体的市场竞争力；能力不强，但市场地位高、适应变革准备充分的经济行为主体可通过多元化手段延伸市场竞争能力和扩展市场竞争范围；能力不强、市场地位不高、适应变革准备不充分的经济行为主体，只有根据情况选择重组或退出以降低市场竞争风险。

二是作为一个战略性技术组合要平衡好技术前景与技术力量。技术前景与市场有关，技术力量与现有资源有关。在战略性技术组合中，核心技术是最关键的，一般多由经济主体投入资源研发而得。从经济角度评价一项技术是否可进行开发的主要指标是投资回收期和预期收益率。从技术体系的角度看，技术路线图、技术日历、技术信息管理、技术人员沟通机制也是其重要的组成部分。

四、增强旨在促进经济发展方式转变的科技创新动力

21 世纪发展的新阶段，科技创新已成为推动供给侧结构性改革、实现经济发展方式转变的主要推动力和核心竞争力。激活科技创新动力，激发科技创新活力，才能使各创新主体加大创新投入、积极参加创新活动、产出高水平的创新成果、推进产出成果的商业化运用，并通过提高全要素生产率或促进产业结构的调整实现经济发展方式的转变。因此，增强旨在促进经济发展方式转变的科技创新动力是创新与发展工作的先导和基础，必须抓紧抓好。

（一）增强科技创新的紧迫感

要在全球发展的新一轮周期中突破资源和环境制约、发挥后发优势、抢占发展先机、引领先进生产力的发展方向，越来越依赖于科技创新。

1. 经济结构转型与升级的着力点在于科技进步

随着经济进入新一轮发展的转型换挡期，经济发展的条件与环境发生了重大变化，生产要素成本高涨、资源与环境约束越来越严厉、世界市场充满不确定性。要在新的发展环境中继续实现可持续发展，需要着力于科技进步，推动发展方式转变，使经济增长真正建立在结构优化、质量提高、效益改善、发展可持续的基础上。

2. 发挥后发优势的切入点在于科技驱动

在发挥后发优势的基础上实现弯道超车，切入点在于大力推进科技创新。一是积极借鉴发达国家或地区现有科技创新成果，以智能化、绿色化和信息化为方向大力发展战略性新兴产业，形成新的经济增长极。二是以技术创新推动传统产业升级改造，使之重新焕发生命力或延长生命周期。三是遵循产业发展、演进与转移规律，大力承接产业转移并与当地产业发展相融合，快速缩小差距。

3. 抢占发展先机的制高点在于科技引领

随着市场分工的日益深化和资源配置的全球化，以开放的视野积极投入全球竞争，抢占发展先机对于一个经济主体谋求在世界分工中的有利位置，提高经济发展质量至关重要。抢占“制高点”，发动“新引擎”最有效的途径是将科技创新的最新成果及时转化为商业运用，以科技进步与创新引领和推动新产业的发展。

（二）以产学研联盟为载体，加强企业、高校与科研院所的协同创新

基于现代科技发展的新特征，要激活科技创新动力，实现科技创新的重大突破并改变经济竞争的格局，需要调动与整合企业、高校与科研院所的科技资源力量，以产学研联盟为载体实现企业、高校与科研院所的协同创新。

一是充分发挥企业在科技创新中的主体作用。企业是研发主体和科技成果的转化主体。科研创新成果是否最终能推进经济发展方式转变，关键取决于企

业创新意识是否强烈、科技创新工作推进是否坚强有力。

二是进一步强化高校和科研院所服务企业提升科技创新水平的能力。在国家创新体系的建设中，科研院所和高等院校要更加积极地承担服务经济发展的责任，充分利用自己的人才优势，以问题为导向，以解决经济社会发展中的重大问题为导向，切实提高科研选题的针对性和应用性。特别是对于关系产业发展的重大课题，应着眼于提高整体创新链收益为目标，从立项、研发到科技成果的应用环节，均要积极与企业对接，进行联合攻关，共同提高科技成果的研发质量和转化效率。

三是完善创新产学研合作机制。推进机制创新，建立风险共担、利益共享、权责明确、合作紧密的科技创新工作机制，建立健全技术交易市场，提高科技中介机构与服务机构的服务效率，推动科技金融的健康发展。进一步完善知识产权保护政策，鼓励高校与科研机构以技术入股、成立合资公司或项目小组形式组建和完善产学研合作的组织机构，解决好技术产权的利益分配问题以调动各创新主体的积极性。大力提升科技资源、信息与技术的共享水平，降低创新成本，提高创新效率。

（三）强化战略科技力量建设，夯实产业发展与科技进步的支持实力

加快布局建设和发展高水平研究型大学和科研机构建设，使其学科建设、人才培养和社会服务在提高创新能力的过程中相得益彰、互相促进。大力加强重点实验室、工程中心、共性技术研发机构、产业技术研究院等科研平台的建设，以平台汇聚资源、优化资源配置、组织重大项目攻关、重点项目研发及成果转化，为产业发展提供稳定的技术支持来源。加大创新型领军企业和科技中小企业培育力度，以园区为载体促进创新产业的地理集聚，不断提升产品和服务的科技含量和品牌品质。加大开放力度，支持本地创新主体主动融入甚至主导全球创新网络的发展，增强我国在世界科技创新体系中的话语权。

（四）在增强企业自主创新能力中，寻求推动转变企业经济发展方式的内驱力

提高自主创新能力，就必须提高集成创新能力、原始创新能力以及消化吸

收再创新能力，这是在市场竞争中的核心竞争力。从经济发展的逻辑上看，如果经济增速过快而缺乏先进的技术支撑，那么必定依靠大量的要素投入。如果经济体受到要素短缺的制约，那么必然导致要素成本推动型物价水平的快速上升，从而引起经济市场混乱、影响社会稳定。当出现这种状况后，为防止通货膨胀，保证经济社会稳定就必须开展治理工作。这个发展逻辑的表现便是经济波动大。要改变这种格局，必须提高自主创新能力，通过资源的优化配置获得可持续发展。因此，应把企业自主创新能力的制度设计放在重要位置是推动经济发展方式转变的中心环节。提高企业自主创新能力的制度建设，首先要完善资金保障、平台建设体系和相应的配套措施：

第一，加大对自主创新资金投入的支持力度。使研究与开发投入从2004年占GDP的1.35%提高到2020年的2%以上，是我国进入世界创新型国家行列的重要战略决策。因此，要制定相应的政策鼓励企业多方面筹措科研项目基金、金融投资基金等创新资金。

第二，继续完善两大自主创新平台——技术创新中心与科技成果转化平台。在技术创新中心方面，一是增大对国家工程中心、行业技术中心、企业技术中心的投入，开发引进高新技术、产业技术，严格控制技术标准。二是以园区为载体，形成自主创新产业集聚群，加强创新开发整体效应。在科技成果转化平台方面，一是完善以企业为主体、市场为导向、产学研相结合的技术创新结构。二是鼓励应用技术研发机构向企业拓展，提升中小企业的创新活力。三是吸纳全球科技资源，引进国际先进技术，进行深入的国际科技交流与合作。

第三，改进企业自主创新的配套政策。例如，实施鼓励自主创新的财税、金融等扶持政策；对高技术产业提供相应的资源优惠；建立健全知识产权保护体系，完善法律制度；给予企业在提高研发系统、生产经营管理系统和生产装备应用系统等关键环节信息化水平方面的政策支持。

（五）在完善激励和导向政策过程中，增强科技创新的动力

一是改革政绩考核，将绿色指标纳入政绩考核体系。将绿色指标纳入政绩考核体系，促使政府更加重视科技创新支撑转变经济发展方式过程中坚守资源与环境约束底线、重视生态环保和节能减排、大力发展低碳经济和循环经济，

促进产业结构的调整与升级。促使政府运用价格、财税、金融等手段建立资源有偿使用制度和生态补偿机制，促进绿色产业和绿色企业快速发展。

二是强化政府科技创新专项支持资金对产业发展的激励与引导作用。加大政府财政性资金对科技创新的投入力度，特别是对产业发展与结构调整有重大影响的科技创新，政府可给予专项资金支持。通过进一步完善创业投资引导基金帮助有核心科技支持的创业者尽快将创新成果产业化，促进新兴产业的快速发展。促进政府资金、风险投资、银行信贷和其他非银行资本实施深度战略合作，加大对科技创新的信贷投放或信用担保力度，突破科技创新的投融资瓶颈。

三是健全科技创新绩效评价体系。着力于创新链的资源投入、成果转化、经济发展方式转变几个关键环节，健全科技创新绩效评价体系，根据各要素对科技创新和经济发展方式转变的贡献科学设置考核权重。因地制宜和科学动态地调整相应指标以使考核体系更加适应考核对象的实际状况。科学利用科技创新绩效评价体系的考核结果，改进问题、巩固成果，以便更好地通过科技创新为转变经济发展方式提供有力的支撑。

四是深化科技成果产权制度改革。积极改革高校和科研院所科研人员成果转化收益管理办法，鼓励科技人员通过技术入股、提高科研人员成果转化收益分享比例等方式参与创新收益分享，激发他们参与科技创新的积极性和主动性。提升科技成果资源开放共享水平，扩大科技成果资源开放共享范围，加深科技成果资源开放共享程度，提升科技创新能力。以市场需求为导向，积极推动科技成果与产业、企业对接，打通科技成果向现实生产力转化的通道。

（六）加强创新创业人才引进与培养，调动其创新意识和积极性，发挥支撑作用

积极出台和落实科技人才的培养、引进和使用的优惠政策，综合实施各项科技人才工程建设。为了提高科技与经济发展的人才支撑力度，要围绕产业发展需求和创新方向，以事业为平台，以项目为载体，采取灵活的机制，刚性或柔性地引进具有国际水平的创新创业人才和团队。改进人才分类评价和激励政策，积极为人才成长营造有利的制度、工作、生活和社会环境，使所引人才能

留得住、能干事、干成事，致力打造人才高地。引导支持企业加强人力资源培训，提高劳动力供给质量，提升人力资源在经济增长中的贡献率。要积极调动创新创业人才的创新意识和积极性。努力提高员工的创新意识，为其提供科技创新的平台，帮助员工了解和把握现行产品、技术和工艺的最新发展趋势及主要面临的瓶颈问题，在不断学习和实践中创新信息和灵感，激发员工的创新动力。

（七）创新文化建设和完善创新生态环境，激发创新活力

大力培育创新行为主体的创新文化，将员工的思想行为引导到服从与服务于创新行为主体的创新发展目标上，使创新行为主体内部各要素之间实现和谐统一，制约和调节创新行为主体的内部矛盾，形成激励员工努力工作、开拓创新的良好氛围。积极提倡团队精神和合作意识，创造和谐的创新环境。加快公共服务平台和孵化载体建设，为科技创新及其成果转化提供广阔的发展空间和优质的服务。创造开放、竞争和包容失败的创新文化，改变以创新结果论英雄的观念，将创新者的注意力引导到关注创新过程、大胆去实现创新梦想上，激发全社会创新活力。

第四章　科技创新支撑转变经济发展方式的实现过程与绩效体现

一、科技创新支撑转变经济发展方式的实现过程

要理解转变经济发展方式的科技创新支撑机制，要从动态上理解科技创新与经济发展方式相融合的实现过程。从产业链视角审视，科技创新转换为现实生产力、推动经济发展方式转变的实现会依次经过研发、技术转移、试产和量产几个阶段。

（一）研发阶段

研发阶段是一个新产品或一项新技术、新工艺从想法变为现实的过程。研发成果多体现为产生具有新功能、蕴含新技术的功能性产品，主要解决技术的可靠性问题。研发阶段是科技创新过程中不确定性最高、风险最大的一个阶段，因研发失败，或因新发明、新产品和新技术市场推广效果不好或被模仿和制造，都可能导致研发投资血本无归。

（二）技术转移阶段

当前，鉴于知识和技术本身的复杂性、先进性和更新的快节奏，即使规模较大的企业，也不可能对需要的所有技术进行独立研发以应对市场的快速变

化，更不用说研发能力较弱或根本没有研发部门的中小型企业如何满足发展对技术的需求。因此，通过联合研发或技术引进，就成为弥补企业技术创新能力不足的重要方式。这就需要通过技术转移来增强研发成果的商业化运用能力。技术转移中存在的最大的问题是技术供需双方信息不完全或不对称，导致最新的研发成果在较多时候没有得到市场的重视。

（三）试产阶段

新产品和新技术最终投入市场前，还需要在解决技术可靠性的基础上，进一步检验产品的经济可行性和市场成长空间问题。为降低市场风险，在实现新产品量产前，首先要进行试产。通过在一定范围内试产，可进一步改进和完善新产品、新工艺、新技术的功能更好地满足消费者的需求，并通过降低生产成本使其具有市场推广价值与成长空间。试产效果的好坏，直接关系到所研发的新产品、新工艺和新技术能否被转化为商业化运用。

（四）量产阶段

量产阶段是指所研发的新产品、新工艺和新技术投入大规模的产业化运用，有效地满足市场需求，从而使企业重新焕发出生命力或推动新的产业诞生。使新产品、新工艺和新技术的功能需求、经济需求与市场需求相协调是这个阶段要关注的重点。

二、科技创新支撑转变经济发展方式的绩效体现

（一）科技创新驱动要素产出效率提高

科技创新所包含的知识创新、技术创新和管理创新三种不同创新类型分别产生不同的创新成果形式。其中，知识创新的主要成果形式是产生新概念、新观点和新创意；技术创新的主要成果形式是产生新产品、新工艺和新技术；管理创新的主要成果形式是产生新模式、新机制和新手段。在这些不同的创新成果形式中，科技作为一种渗透性生产要素，物化到其他生产要素中，改进了其

要素质量，提出了其他生产要素的产出效率和对经济增长的贡献率，从而促进了经济发展方式的转变。

1. 科技创新提高资本产出率

一是科技创新成果物化到产品与设备中，增进了旧产品和旧设备的新功能，并通过再制造、再营销实现价值增值，从而提高资本产出率。

二是在供给侧改革、产业结构调整的过程中所树立起来的经济发展的节能减排和环境保护观念会影响研发人员的创新路径，促进节能环保的新工艺、新技术和新装备的产生，并带动节能和环保产业的大发展。随着环保科技、工艺和设备投入到生产环节，可通过降低环境污染治理成本降低生产总成本，从而提高资本产出率。

三是在科技创新中的新创意会激发消费者的新需求，扩大产品的市场空间，并诱致规模化生产，从而提高资本产出率。

四是新产品、新工艺和新技术物化到生产资源中，会改进原材料质量和生产要素的组合结构，从而影响要素的使用成本，极大提升生产效率，间接提高资本产出率。

五是通过管理创新获取的新模式、新机制和新手段，会提高生产要素的集约化程度，提升组织内外部资源的整合水平，提高组织经营活动的效率，提高资本产出率。

2. 科技创新提高劳动生产率

一是科技创新所创造出新工艺会提高生产的自动化、智能化和信息化水平，为实现生产过程中的劳动力节约和提高劳动生产率提供了可靠保证。

二是管理创新会增强劳动者间的相互配合水平，形成新的生产组织和营销体系，提高劳动生产率。

三是科技创新成果物化到劳动力要素中会增强劳动者技能、提升人力资源素质，从而提高人力资本对经济增长的贡献率。

3. 科技创新提高全要素生产率

科技创新所包含的知识创新、技术创新和管理创新可通过改进环保环境治理指数、影响水资源产出率、综合能耗产出率、提升组织运行效率等方式提升全要素生产率，促成经济发展方式的转变。

（二）科技创新驱动经济结构的调整与升级

1. 科技创新支撑产业结构的调整与升级

科技创新导致技术结构变化，并会诱致产业结构合理化和高级化，进一步带动产业结构调整与升级。不同行业基于相互间原材料、中间设备、能源等需求与其他行业发生联系，其联系的具体方式和程度在很大程度上与技术水平有关。科技创新也可以通过物化到生产要素中，使生产要素质量得以大大提升，进而改变生产资料的配置状况和影响生产要素对经济发展的贡献率，并在这个过程中使资源流向更高级化产业，促进产业结构转变。不同行业技术创新的速度差异也会造成不同行业在国民经济中相对地位的变化，长期会造成产业结构调整。从历史经验看，产业的自主创新能力越强、技术更新速度越快、成果的商业化应用机制越成熟，其适应市场需求的活力越大，这一行业发展速度越快，其在国民经济中的相对地位就会得以提升，甚至可能形成新时期发展的主导产业或产业集群。并且，该产业或产业集群还会通过进一步的内外联动和影响扩散推动全新的产业变革及技术进步，从而突破制约产业发展的诸多要素，实现产业发展的转型升级。在实践中，科技创新主要从以下几个方面推动产业变革：

（1）科技创新助推农业工业化。在农业工业化的进程中，科技创新起到核心关键作用，特别是创新知识、技术、管理等在农业生产生活中的方方面面都发挥着重要作用。从具体的过程看，在科技创新作用下，现代化农业机械、高科技的农业化肥、安全和绿色的农业种子、高效率的农耕方式、信息化的农产品流通等纷纷被研发出来，极大地提高了农业生产的全要素生产率，进一步实现了农业生产的工业化发展。从实践的结果看，在这一系列科技创新成果的作用下，农业的发展方式、农业的生产模式、农业的运作理念，以及农业对经济社会的影响均发生了翻天覆地的变化；在农产品市场领域，一系列新式的农产品存储设备、运输工具，特别是互联网时代信息流、资金流的影响，进一步催生了“精准农业”“物联网农业”等新的业态模式，进一步改变了农产品的市场消费模式，也进一步推动了农业生产的工业化进程。近年来，十分火爆的“现代农庄”“新型农村专业合作社”“生态田园综合体”“全域乡村旅游”等农业生产经营模式，便是在农业工业化进程中进行的有益探索。

（2）科技创新支撑制造业服务化。在“买方市场”的时代，制造业企业仅依靠产品制造已不能满足多元化的市场需求，服务的增值延伸使制造企业除了是产品的制造者外，还是产品服务的提供者，制造业企业汇集了以产品制造为核心的产品集成服务。具体来看，科技创新推动制造业服务化体现在以下几点：一是科技创新推动制造业变革，产品创新过程服务化。在科技创新作用下，一些新型的先进制造设备、分布式制造技术、分布式能源供应技术等被不断开发和投入商业化运用，有力地推动了生产技术变革、生产材料变革、生产工业变革、生产管理变革，进一步推动了生产制造过程的服务化。在管理创新的运用下，基于信息高度技术互联互通的制造业体系已然呈现出分布式研发、分布式生产、分布式制造、分布式供应、集约化生产的制造服务格局，分布式的能源供应、区域化的创新协作，进一步完善和巩固了制造过程的服务化。二是科技创新推动制造技术发展，产品成为服务的载体。在科技创新的作用下，制造企业生产的产品已不仅仅局限于其功能属性，以产品为依托面向客户提供终端解决方案成为当前主要的潮流与趋势，这就要求制造业企业需要不断完善产品功能与服务，不断开拓新的潜力需求和服务市场，最大限度地发挥产品服务功能，进一步提高企业经营绩效，推动企业新形势下的创新发展。

（3）科技创新支撑服务业知识化。近年来，服务业在国民经济中的占比逐年升高，已成为当前社会经济发展的支柱产业。随着科技进步和社会发展，在科技创新作用下的服务业越来越明显地呈现出知识化的相关特征，具体表现在以下几个方面：一是服务呈现出的内涵性和标准化趋势明显，受科技创新和知识经济的影响，服务业企业更加关注服务过程中客户的体验和感受，更加强调服务结果的影响和后续服务的提供，更加注重服务活动的标准化实施。二是科技创新的潜在价值促使创新主体增加创新投入，受创新市场巨大机会和潜力的影响，创新主体对科技创新人才、研究与试验经费、创新研发场地等各方面的投入增加，使创新主体更加注重研发过程，极大地推动了科技创新服务的知识化进程。三是在互联网时代，以大数据、云计算等平台为支撑的科技创新体系，不断构建多元化的服务网络，不断打造汇集众多资源的科技创新服务平台，多方式、多渠道、多层次推动着知识化的科技创新服务体系的形成。

（4）科技创新支撑高科技产业化。高新技术越来越成为国家与国家之间竞争的焦点，高新技术产业特别是战略性新兴产业在日常生产生活中的作用进一步凸显，而科技创新对高新技术产业的发展至关重要，特别是在推动高新技术产业化的进程中，具体体现在以下几个方面：一是通过科技创新推动知识成果转化和技术应用，催生新的高新技术产品和服务，打造新的高新技术产品市场。二是通过科技创新将新的产品与服务应用于传统产业，推动传统产业的转型升级和跨越发展。因此，高科技产业化的过程是高新技术得到应用的过程，也是产业技术进步的过程①。三是通过集成创新推动生产中的资金流、信息流、人才流、政策流进一步汇集，进而实现高新技术产业的整体突破和长远发展。

2. 科技创新支撑需求结构优化

科技创新通过改变消费方式、增加产品多样性或增强产品功能、降低产品价格刺激新的消费需求，支撑需求结构的优化。

第一，科技创新改变消费方式，激发新消费需求，从而从整体上优化了需求结构。随着科技在支付手段、信息传递与管理、物流管理等方面的创新，消费模式相对于以前有很大的变化，科技创新催生了新的消费需求，冲击了原有的消费市场，也产生了新的需求结构。

第二，科技创新提供多元化、定制化的产品来增加顾客的消费选择空间，激发新消费需求。一方面，科技创新通过持续的新材料、新工艺、新技术手段开发可不断拓展新的产品种类，进一步开发新的产品功能或生产全新产品以满足不同消费者的多样性和个性化需要；另一方面，科技创新可缩短产品的生命周期，刺激产品更新换代去激发新的消费需求，这在信息软件和生物医药等行业表现得尤为明显。

第三，科技创新通过降低产品价格激发消费者购买欲望和消费需求。在科技创新过程中，随着新技术、新设备和新工艺，以及在“干中学”过程中积累的新经验不断被纳入生产环节，一方面迅速地提高生产效率、降低生产成本使企业通过量产来扩大供给能力，另一方面会释放出产品的降价空间来激发消

① 彭积敷．论高科技产业化的重要意义［J］．湖南税务高等专科学校学报，2004（17）：26-29.

费者购买商品或服务的需求。

第四，通过集成创新创造新的产品生产和销售模式，为消费者提供更加个性化、多元化，更加便捷的消费体验，甚至进一步降低了生产和销售成本，从而有效激发市场需求，优化市场结构。

3. 科技创新支撑投资结构优化

科技创新在刺激消费需求增长的同时，也会导致生产该类消费品的固定资产和存货的投资需求增加，从而促进投资结构的优化。例如，科技创新在刺激消费需求、扩大消费空间的同时，也会诱致对该消费品在设备、生产线等方面的投资需求增加以便更好地提高生产效率。社会对生产约束条件，如环保要求的提高，也会刺激相关产业的投资。一些现代技术平台的产生也在很大程度上改善了生产和经营模式，节省了信息成本、储备成本和时间成本等，从而在一定程度上重塑了竞争形态。为适应市场环境与竞争态势的变化，一些企业纷纷加大科技创新的投资。社会产品生命周期的缩短或人为延伸产品的生命周期，也在较强程度上刺激企业加大对创新资源的投入。为提高产出效率，通过科学技术创新开发出更有质量保障、成本控制、效率保障的新装备，以及以新装备为基础的工艺创新，会促进技术改造投资，从而进一步优化投资结构。通过技术创新，不断开发出新产品、新服务，为投资者提供了多样化的投资选择，进一步激发了新的创业投资行为。

4. 科技创新支撑出口结构优化

科技创新对优化出口结构的支撑作用体现在以下四个方面：

一是以科技创新为依托，开发具有地域文化特点、适应世界经济浪潮的产品，以吸引海外投资；并借助海外投资的增长带动相关产品出口增长。

二是积极开展异地消费者行为分析，制定适应出口目的地文化特征、消费者行为的营销模式及策略，以刺激消费，带动产品出口。

三是深入研究国际贸易规则，探寻合适的国际贸易营销模式，制定科学合理的异地营销战略，增强出口产品竞争优势。

四是依托科技创新，不断开发符合甚至优于国外行业标准的新产品、新服务，以打破国际贸易壁垒的限制，推动产品出口的快速增长。

第五章 科技创新推动经济发展方式转变的传导、平台与要素支撑机制构架

构架科技创新推动经济发展方式转变的支撑机制的目标在于为科技创新推动经济发展方式转变提供管理系统概念图，平衡地反映科技创新管理系统的静态特征（结构和元素）和动态特征（互动和因果关系）。科技创新管理的目标是在理解内外环境的前提下，将科技与商务联系在一起支撑创新经济体的战略、创新与运营。

一、传导支撑机制

理论界与实践层在科技创新对转变经济发展方式的支撑作用方面已达成高度共识。从已有文献和所形成的政策、文件看，科技创新与转变经济发展方式，均是全面建成小康社会的关键阶段实现我国经济持续健康发展的重要手段①。国民生产总值与城乡居民收入翻番，不仅需要转变经济发展方式还需在“发展的平衡性、协调性、可持续性明显增强的基础上”取得重大新进展；而且需要“科技进步对经济增长的贡献率大幅提升，进入创新型国家行列”。这个命题，尽管在学术界和决策层均多次提出，但对于科技创新如何支撑经济发展方式的支撑机制的学理性研究，目前仍显得相对薄弱。因此，协同好科技创

① 胡锦涛．坚定不移沿着中国特色社会主义道路前进　为全面建成小康社会而奋斗［A］//中国共产党第十八次全国代表大会文件汇编［M］．北京：人民出版社，2012.

新与转变经济发展方式，特别是梳理出科技创新对转变经济发展方式支撑机制，对于指导“科技与经济”进一步协同发展，提升经济发展质量与效率，从而为全面建成小康社会奠定坚实的经济基础意义重大。

转变经济发展方式的总体历史轨迹是实现要素驱动型经济向创新驱动型经济转变。根据创新体系的内涵设计和创新过程的模型设计，科技创新促进转变经济发展方式的支撑机制设计涵盖发明、创新和成果转化三个环节。实现创新驱动型经济的关键在于科技创新及其在经济中的实现。通过对相关概念的解读，以及新古典经济学派和创新过程模型的分析，可以体会到科技创新以知识、技术和管理三种类型或独立、或联合通过以下途径促进转变经济发展方式。路径一是通过渗透到其他生产要素中，提高生产要素的“有效性”促进生产率增长，从而提高科技进步对经济增长的贡献率。路径二是将科技创新链与产业链的发展融合起来，体现了科技上的研发成果如何作为一个实体性要素推动新产品、新产业的发展，从而推动产业结构调整。路径三是通过管理创新提高全要素生产率，从而促进转变经济发展方式。据此，我们尝试将科技创新促进转变经济发展方式的传导支撑机制设计如下。

（一）支撑机制 1：通过科技创新改变生产要素结构促进转变经济发展方式

依据新古典经济增长模型，科技创新促进转变经济发展方式主要是作为一种渗透性要素发挥作用。具体支撑机制是将科技进步物化到生产要素中，通过改善生产要素质量、发挥生产要素的“有效性”改变生产要素结构，从而使经济发展从主要依靠要素积累向主要依靠由科技创新推动转变。其经济效果，主要体现在科技创新在经济增长中的贡献率提高，以及以产品质量提升和功能改进为核心特征的产品创新两方面。根据科技创新成果的物化路径，其促进转变经济发展方式的支撑机制主要有两条：一是通过教育与培训将科技创新物化到劳动力中，通过人力资本的形成和积累提升全要素生产率；二是通过资本投资形成新工艺、新技术、新设备，将科技创新成果物化到物质资本中提高生产效率与效益。具体设计如图 5-1 所示。

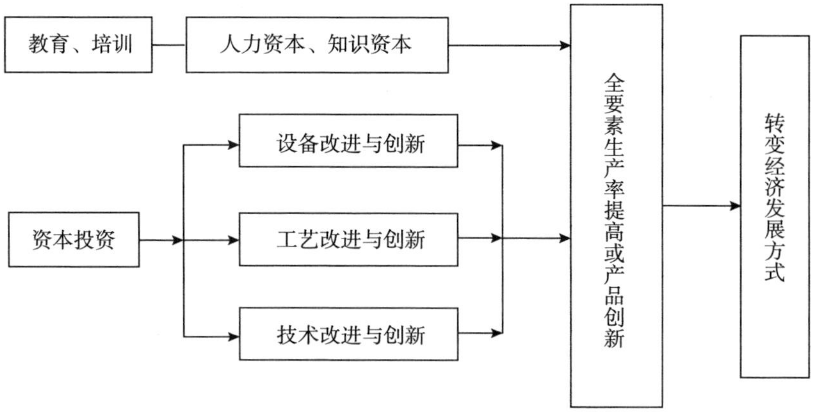

图 5-1　支撑机制 1：改变经济发展的生产要素结构

（二）支撑机制 2：通过科技创新促进产业结构调整转变经济发展方式

结构问题是转变经济发展方式的核心内容。转变经济发展方式所涉及的经济结构主要包含需求结构、产业结构和要素结构。其中，科技创新促进要素结构转换的思路在支撑机制 1 中已基本能得到体现；需求结构调整主要依赖于政府政策引导，科技创新在其中的作用不明显，此处可不列入讨论范围。因而，科技创新通过经济结构调整促进转变经济发展方式主要体现在产业结构的调整上。从企业实现创新过程模型的探讨可以看到，在微观层面实现科技创新需要将创新链与产业链结合起来以便更好地说明不同部门基于科技创新如何推动新产品发展，从而实现产业结构的调整，最终促进转变经济发展方式。当学术界将创新链与产业链结合起来考虑时，科技创新成果更主要作为一种实体性要素发挥作用；并且科技创新的来源不同，创新的形式与产业的发展路径也存在较大差别。依据学术界近年来关于科技创新类型的研讨，以及创新链与产业链协同发展研究，我们将科技创新促进转变经济发展方式的机制归纳为两条：一是基于新知识、新发现直接推动的高新技术产业的诞生与发展；二是基于新技术、新工艺、新方法对传统产业改进、质量与效率提升。具体支撑机制如图 5-2 所示。

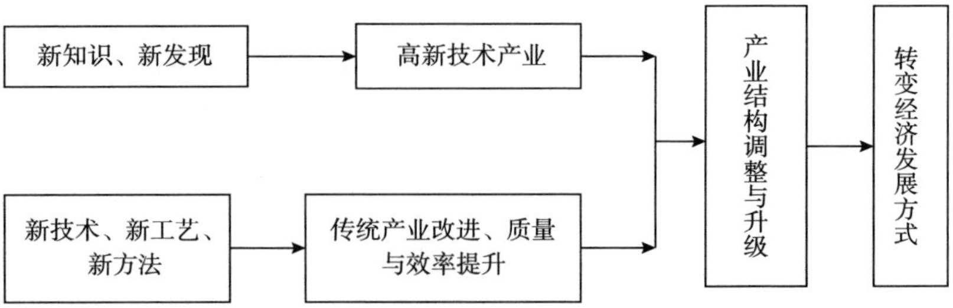

图 5-2　支撑机制 2：促进产业结构调整

在支撑机制 2 中，较完整地体现了创新过程所包含的发明、创新和成果转化三个环节，着重展现了科技创新成果的商业化应用。与先前新古典学派两部门模型所不同的是，这里的创新更多地展示了新产品如何带动新产业发展，而不仅仅局限于原有产品生产效率提高和功能增进上。同样，它也在原有创新过程模型的基础上，将创新的主体进行了扩展，不再局限于企业。特别是，随着新经济时代的来临，以高校和独立研发机构为主体的知识创新所直接推动的高新产业发展的新趋势在支撑机制 2 中也得到体现。需要指出的是，创新类型不同，创新主导机构、创新动力、创新表现形式、对产业发展的主要影响是不同的。我们将它们间的关系归纳为表 5-1 以进一步说明支撑机制 2 中不同的科技创新源如何促进产业发展，进而带动产业结构的调整与升级和实现经济发展方式的转变。

表 5-1　创新类型、主导机构、动力、表现形式与产业发展

创新类型	创新主导机构	创新动力	创新表现形式	对产业发展的主要影响
科学创新	大学、科学研究院	基于知识兴趣	突破性创新	高新技术产业的诞生与发展
技术创新	企业、技术研究院	基于用户需求 基于成本节约	渐进性创新	传统产业的不断改进

（三）支撑机制 3：科技创新通过技术进步与管理创新的互动促进转变经济发展方式

在经典的西方经济理论中，早在 20 世纪初，“组织”就被纳入生产要素。

然而，早期的经济发展理论在探讨科技创新促进经济增长的研究中对此重视并不够。随着制度创新学派的兴起与发展，特别是当对创新问题的研究视角逐步从宏观走向微观，“组织创新”对经济发展的作用才受到应有的重视。通过已出版的一些创新实现过程的案例分析可以看到，在科技创新的实现过程中，一方面，科学创新和技术创新的一些成果，尤其是信息、网络、通信技术发展改变了创新组织的经营环境、提供了创新组织改革的必要技术条件，构成了管理创新的必要条件；另一方面，创新组织的领导、推动与执行层着力于对生产组织、激励机制、创新流程、商业与市场推广模式、资本运营等管理创新，可主动适应创新要求、提高创新效率，构成了管理创新的充分条件。依据这个逻辑，科技创新通过技术进步与管理创新的互动会提升管理效率，进而提高全要素生产率转变经济发展方式。具体支撑机制如图 5-3 所示。

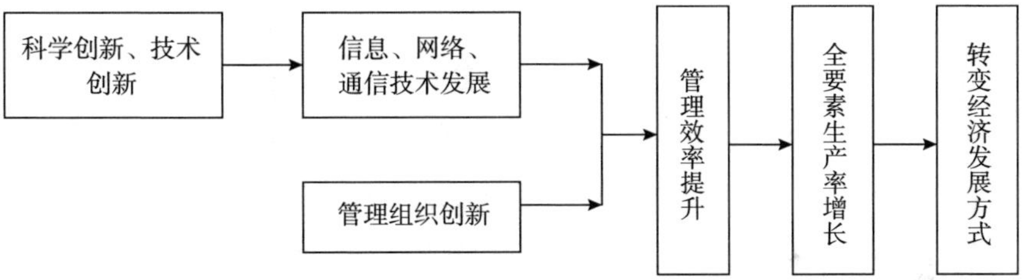

图 5-3　支撑机制 3：通过技术进步与管理创新的互动促进管理效率提升

（四）小结

通过上述分析可以看出，科技创新主要通过改变生产要素结构、促进产业结构调整，以及技术进步与管理创新的互动促进管理效率提升三条途径形成对转变经济发展方式的支撑。在这一系列的支撑机制中，科技创新以知识创新、技术创新和管理创新三种方式作为渗透性或实体性要素通过提高科技进步对经济增长的贡献率或改变经济结构的形式推动了转变经济发展方式。基于经济学角度对创新概念体系的探讨，可以看到每一种支撑机制要实现，都需经历发明、创新和成果转化三个环节。通过这三个环节实现科技创新成果的商业化运用，不仅需要关注创新在不同环节的主要实现形式，更需将产业链与创新链的互动方式加以分析。我们在对一些关键概念和西方经济学界相关理论进行分析的基础上，对科技创新促进转变经济发展方式的机制所进行的梳理，将它们间关系的探讨从偏重静态描述进一步转向动态的实现过程解读，在一定程度上丰富了创新经济学理论的智库，从而为更加有效地指导科技创新促进转变经济发展方式的政策实践提供了理论依据。然而，依据这一系列支撑机制的设计评价相关工作实践成效，还需要进一步依据科技创新类型和转变经济发展方式的具体成果体现，增强所涉及重要概念的可观察性、可操作性和可测度性研究。此外，为使上述支撑机制在实践中得以顺利实现，之前围绕增强创新动力源、改进推进方式、制定相关激励政策和实现创新流程化等进行的研究也需要进一步深化。

二、平台支撑机制

科技创新平台是支撑全社会创新活动的重要载体和核心力量，是进行创新能力建设、实现创新驱动发展的重要内容与基础条件。我国科技资源整体相对短缺，面对激烈的国际科技与经济竞争，随着新科技革命步伐加快，建设高水平、运转高效的科技创新平台，成为支撑创新活动，实现跨越式发展，推动经济发展方式转变的重要战略举措。要保证科技创新平台体系高效建设和持续运行，则科技创新平台建设要科学规划，各类平台的功能定位要精确、运行高效，整体要互补，并能实现特色发展。将以科技创新提升加快转变经济发展方式支撑力的思路落实到位，关键是构建一个层次分明、分工合理和较为全面的科技创新平台体系。这一创新平台体系具体由创新型组织的创新平台、公共研发平台和公共服务平台构成。

（一）创新型组织的创新平台

一是重点实验室。重点实验室的主要任务是针对学科发展前沿、关乎国计民生和国家安全的重要科技领域和方向展开创新性研究。它主要依托大学和科研院所进行建设，不仅是国家组织高水平基础研究和应用基础研究的重要基地，也是聚集和培养优秀科技人才、促进高水平学术交流的重要基地。

二是企业院士工作站。企业院士工作站以创新型企业、高新技术企业为依托，以产业发展的技术需求为导向，以院士及其创新团队为核心科研力量，通过协同创新攻克产业关键技术或共性技术，促进科技成果转化和推动产业化的一种组织形式和载体。它是一种高层次科技的创新平台，有利于实现科技与经济的融合发展，促进企业的项目实施、基地建设、人才培养的一体化。其建站模式采取政府推动、院士参与、企业管理、市场运作的方式。

三是工程技术中心。国家工程技术研究中心主要依托于行业，或者科技实力雄厚的重点科研机构、企业或高校进行建设。工程技术研究中心的主要功能是以市场需求为导向，汇聚国内一流的工程技术研发、设计和试验型专业人才队伍，通过不断完善工程技术综合配套试验条件为市场提供多种综合性的技术服务。

（二）公共研发平台

一是校企共建研发中心。校企共建研发中心是技术创新体系的重要组成部分，是主要由高校或科研院所提供科技开发力量，中小企业提供资金共同建立的合作研究开发机构。校企共建研发中心可通过有针对性地进行技术开发为企业提供成熟的新技术、新产品和新工艺；或通过引进、消化和吸收新技术或进行技术创新成为企业吸收先进技术和提高产品或服务质量的技术依托。校企共建研发中心还可以帮助企业制定和实施可行的技术发展战略，有针对性地培养适应企业落实创新发展战略的技术和管理人才。通过校企合作，不仅通过转化高校的科技创新能力增强高校服务社会发展的能力，也为中小企业获取创新技术提供可靠的渠道。

二是工程技术研究中心。作为重要的研发机构之一，工程技术研究中心主要依托行业中的龙头骨干企业、高校或科研院所进行建设。工程技术研究中心以关键性、基础性和共性技术的研发为主体，以市场需求为导向，主要为企业提供成熟配套的技术、工艺和技术装备，或提高产品附加值和产品创新，推动企业科技进步和新兴产业的发展。工程技术研究中心通过开展国际合作与交流，接受工程技术研究、设计和试验任务的委托，提供技术咨询服务成为推动科技与经济结合，提升行业或企业技术创新能力的重要载体。

三是产业技术研究院。产业技术研究院的主要功能是提升产业技术水平和创新能力，是进行协同创新的重要研发平台。产业技术研究院通过促进多方科技资源集成与综合利用，围绕产业共性技术、关键技术和前沿技术研发新产品、新工艺与新材料，推进重大科技成果转化，研究制定产业技术发展规划和技术标准，开展技术研发服务。

（三）公共服务平台

一是技术创新服务平台。技术创新服务平台主要面向产业和区域发展的重大需求，有效整合高等学校、科研院所、科技中介服务机构以及骨干企业等创新资源，为提高企业技术创新能力提供公共服务。它是联系科技与经济、科技与金融的重要中间服务组织。其主要业务不仅包括资源与信息对接服务，技术研发、成果转化与推广服务，产业技术人才培训，科技信息与成果交流服务等实体性服务；还包括引入金融资本，实现技术的产业孵化的金融服务。

二是科技资源共享平台。科技资源共享平台是旨在解决创新创业找资源难、选资源难、用资源难等问题，以及科技资源要素的部门化、单位化和个人化带来的闲置浪费现象比较严重，利用效率不高，专业化服务能力偏弱的问题，由政府牵头，吸引社会力量成立的组织体系。科技资源共享服务体系的运行架构由“线上网络平台、线下服务载体、专业服务机构、政策制度安排”组成，共享资源包括大型科研仪器、科技人才、科技文献、研发基地、科技成果、科普、自然科技资源。

三、要素支撑机制

在支撑科技创新的各类要素中，最关键取决于人才、资金、文化和制度要素。

（一）人才

人才是进行科技创新的核心资源。近年来，在经济结构亟待转型升级，加快经济发展方式转变的大背景下，政府提出了要实现“大众创业、万众创新”。这就需要大批具有创新精神，思维不受束缚、勇于冒险、执着探索的“创客”为经济发展带来活力。只有社会出现大量具有灵活、开放和好奇的个性，精力充沛、想象力丰富、坚持不懈、富有冒险精神的研发人员，并孕育出各科技领域的尖端人才，才能带领和组织团队在重大科技项目上取得成功，大力提升科技创新能力，加快经济发展方式转变。

（二）资金

创新具有较大的不确定性和外部性，在很大程度上影响各类经济主体对创新投入的积极性。因而，需要在金融领域进行系列创新，从多个领域筹集创新所需要的资金。风险资本是促进创新的一种有效资金支持方式。这种资金支持方式与以往抵押贷款方式的重要区别是分散了创新者的投资风险，使其摆脱可能的创新失败造成的巨大债务风险，使创新者能集中精力进行科技创新，有利于营造出鼓励怀有“野心”和梦想的优秀人才开创事业的氛围。

（三）企业家及其创新才能与精神

企业家是创新的组织者和承担者。基于创新可能带来的丰厚盈利机会，以及创新成功可能带来的才能展示和荣誉感，驱动着企业家不断地从事创新活动。企业家才能是影响创新效果的基础。作为一项生产要素，企业家才能被引入经济系统已有近 200 年的历史。最早认识到企业家作用的是让·巴蒂斯特·萨伊，他认为企业家就是把经济资源从生产率较低、产量较小的领域转到生产率较高、产量较大的领域的人。阿尔弗雷德·马歇尔正式把企业家作为一种生产要素引入经济系统中，认为企业家是担当企业组织的领导者、协调者、中间商、创新者和不确定性承担者等多种职能的人，是勇于冒险并承担起风险的人。后来，约瑟夫·熊彼特将企业家与创新结合起来，认为企业家是创新的承担者和组织者，是创新的主体。从创新的角度看，企业家才能主要体现在：一是要有眼光，能作出企业战略决策，看到潜在的利润；二是发明家，会设计或规划新产品、新技术，甚至是新经济组织；三是冒险家，敢于冒风险承担不确定性的创新工作；四是资源整合者，能动员和组织可调动的资源实现生产要素的新组合。促进企业家健康成长，发挥企业家的创新才能并通过科技创新支撑经济发展方式转变，重要的是弘扬企业家精神。

在对“企业家精神”含义的理解上，大多数学者赞同最关键、最核心的两个特质是承担风险和创新。一是承担风险。在西文中，“企业家”（Entrepreneur）的词根 empresa 就来源于拉丁语动词 inprehendo-endi-ensum，其含义为“去发现、去感知、去俘获”。因而从词源学角度看，企业家精神包含对风险的感知和承受。二是创新。为了赢得竞争，企业家们必须时时刻刻求新、求异，不断地开发新产品、采用新生产方式、开辟新市场、使用新的原材料、采用新的产业组织方式。一个人只有敢于承担风险、勇于创新，才能算得上是真正意义上的企业家。

（四）科学仪器设备

科学仪器设备的自我装备水平是衡量创新能力的重要标志。科学仪器设备包括大型科学装置、科学仪器中心、科学仪器服务单元和单台（套）价值在 50 万元及以上的科学仪器设备等。其中，科学仪器设备可分为分析仪器、计量仪器、测量仪器、测试仪器、试验仪器、探测仪器、特种检测仪器等。科学仪器设备对科技创新支撑经济发展方式转变的实现途径：一是通过科学仪器设备的精准化、智能化、信息化方向的发展引领现代装备制造业的发展；二是通过科学仪器设备支撑科技创新、服务经济社会发展、支持国家重大工程建设和保障国家安全；三是通过充分调动科研设施与仪器管理单位实现科学仪器设备的共享，避免重复购置，充分利用科技创新资源、节约创新投入、提高创新效率。

（五）创新文化

创新型经济必须有创新文化支撑。从我国创新实践历程看，创新氛围和团队精神两个重要的文化因素对于创新活动有重要影响。缺乏对创新失败或瑕疵的包容以及期待创新成果的耐心，严重影响了创新的积极性。例如，浮躁、短视的科研风气严重影响了科技工作者从事需要耗时较长的基础研究的积极性；更多的是指出问题而不是通过提供建设性意见去看待一些阶段性创新成果。尤其是，在管理与舆论上，只许胜不许败，功不抵过等思潮和要求，使少搞创新反而安全，在创新推动上不求无功但求无过的表现较突出。

受农耕文化的影响，在创新活动中团队意识、角色意识和合作意识依然不强，没有发挥出市场经济分工合作导致效率提高的优势。创新体系建设是一个系统工程，不仅需要科学家和工程师团队从事科技创新活动，也需要投资专家、财务专家和律师等专业团队通力合作，将创新成果转化到商业运用中去推动经济发展。然而在我国，这些工作几乎要由科学家全面牵头去完成。鉴于科学家本身知识结构的局限性，或者精力有限，完全依靠科学家去完成系统推进创新还存在很大问题。

因此，在促进研发和各类创新活动的同时要加强开明、开放和包容失败的文化建设。要通过营造开放和包容的创新氛围，培育勇于创新、善于创新的文化，使人们乐于接受和吸收新思想、新理论和新技术，为实施创新驱动战略提供思想动力和行动保障。要对创新的失败给予更多的宽容与理解。创新是一件很有风险的事情，创新失败是正常现象。一方面，创新者要有承受失败的勇气；另一方面，社会要给予失败者以理解和宽容，赋予他们再崛起的机会，为创新尝试者提供最大的支持和保障。持续创新成果有的需要十多年甚至几十年、几代人持续不断地努力才能对商业化运用产生广泛的影响力，带来巨大的经济效益，社会需要更有耐心给创新者更多空间，让时间去衡量成功。注重创新团队的文化建设，按照“学有所长”“专业人干专业事”的原则构建分工合作、优势互补的科技创新团队，使科学家能集中精力专注于科技创新活动，风险投资、工程师团队、财务专家和律师等能通力配合促进科技成果有效转化。

（六）制度因素

制度因素是将夯实科技创新支撑经济发展方式转变落实到位的重要因素。就目前中国发展阶段而言，科技创新依然被不合理的一些制度安排，如科技与经济发展深度融合机制尚未形成、科技成果转化的制度性瓶颈、产权保护不力等所束缚，已严重干扰创新驱动战略的实施。

第六章　研发、创新与经济发展方式转变

转变经济发展方式的中心是转变经济增长方式。实现经济增长方式转变的核心要义之一是促进经济增长由要素积累驱动转向创新驱动。虽然早在20世纪30年代约瑟夫·熊彼特（Joseph A. Schumpeter，1934）正式提出“创新理论”，指出资本主义发展过程是一种“创造性毁灭”的非均衡动态增长过程，可直到新经济增长理论第二阶段，创新才被正式纳入经济增长模型的内生因素进行分析（Grossman G. M. and Helpman E.，1991；Aghion，Philippe，Howitt，Peter，1992）。在典型的“基于创新的”（Innovation-based）经济增长模型中，研发是创新的重要动力来源。到目前为止，着力于研发视角，促进科技创新与经济增长方式转变的研究虽散见于近期出版和发行的文献中，但对此进行系统探索在理论研究中尚属薄弱环节。为此，我们在进一步厘清研发、创新与经济增长传导机制的基础上，对增强研发动力与能力、提升研发扩散与转化效率两个关键环节做尝试性探讨。

一、研发、创新与经济增长的传导机制

创新对经济增长的重要性，已成为经济理论界的共识。经济学家不能忽视创新，是因为它已成为经济进步的一个基本条件和企业、民族、国家在竞争中的关键性因素。尽管早在古典经济学时期，经济学家就注意到研发、创新对经

济增长的关键作用；[①] 但将其作为一个正式术语纳入经济发展理论的还是约瑟夫·熊彼特（Joseph A. Schumpeter）[②]。除了建立经济发展的创新学派外，熊彼特的一项重要贡献是把发明和创新区别开来。一项发明是一种新型的或改进的装置、产品、工艺或系统的想法、草图或模型；发明可以（并不总是可以）获得专利权，但并不必然导致技术创新。从经济的意义上讲，创新指新的产品、工序系统、装置在现实经济中首次得到采用。发明和创新实现对经济增长的促进作用，还需要一个后续的转移和推广过程。[③] 鉴于上述定义，基于创新推进经济增长的传导机制将经历三个主要阶段及其涉及的一连串事件，其实现过程如图 6-1 所示。

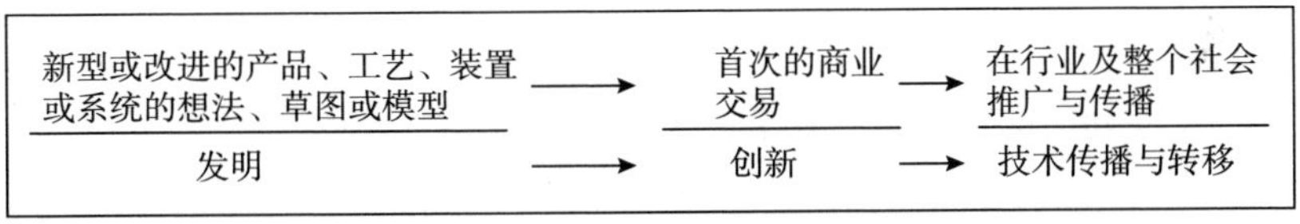

图 6-1　基于研发、创新的经济增长方式转变实现过程

从基于研发、创新的经济增长实现过程看，研发和创新是实现经济增长由要素驱动向创新驱动转变的重要源泉。通过提升研发能力促进创新和经济增长方式转变的两个关键环节是增强研发的动力和能力，以及提高研发的传播与转化效率。通过研发实现的创新，促进经济增长方式转变的重要实现机制是依靠提高要素使用效率和全要素生产的贡献率实现经济增长方式转变。

然而，把研发和创新作为经济系统分析的对象，只是近些年才逐步得以重视。在传统的经济增长理论框架中，发明、新知识、创新没有存在的空间，而仅仅被当作促进经济增长的外生因素。有观点认为，以前人们之所以不关注发

① 例如，亚当·斯密认为，机械的改良通过简化和节省劳动，成为实现经济增长和社会进步的重要源泉，而机械的改良要么出自专门机械制造师的智巧，要么出自哲学家和思想家的智能。（［英］亚当·斯密．国民财富的性质和原因的研究（上卷）［M］．郭大力，王亚南译．北京：商务印书馆，1997）

② ［美］约瑟夫·熊彼特．经济发展理论——对于利润、资本、信贷、利息和经济周期的考察［M］．何畏，易家祥等译．北京：商务印书馆，2000.

③ 索洛也对创新提出了“两步论”，认为创新包括新思想来源和以后扩散两个阶段。（参见王帮俊．技术创新扩散的动力机制研究［M］．北京：中国经济出版社，2011）

明和创新，主要是因为经济学家对自然科学技术浅薄无知，忙着专注于贸易周期、就业等问题无暇顾及其他，缺乏有用的统计数据①。这个观点固然能在一定程度上解释对发明和创新相对忽视的原因，但却不能忽视本身的合理性。当垄断竞争市场结构代替完全竞争市场结构成为分析技术创新的经济背景后，技术创新的成本、研发投入、专利、市场结构、企业内部特征和产权组织等会影响技术创新的规模和效率的观点逐渐在理论界达成新共识②。特别是，在新增长理论的第二发展阶段，理论界将产品品种增加和质量升级纳入技术进步的表现形式，并分析了在垄断竞争的市场结构、非均衡动态增长路径基本假设下创新成本、研发投入、企业组织与制度结构对科技创新及经济增长的影响。自此，研发、创新正式进入经济增长理论框架的内生因素得以系统分析。

二、增强研发的动力和能力

增强研发的能力与动力，首先要进一步认识研发的内涵有别于经济增长其他因素的独特性特征。理论界进一步将研发活动的形式细化，如提出“基础研究”“发明”“开发”“新型工厂的建设”等研发活动形式，每种研发活动的从事主体和投入与产出方式有所不同③。从研发活动的主体看，科研院所、高等学校主要从事基础性和前瞻性的研究，而企业则是应用研究的主体。我们主要从微观应用研究的角度，着力探讨如何增强企业研发的动力与能力④。企业研发动力的提高主要表现为研发投入增加和研发机构的成立及完善，企业研发能力的提升主要表现为新技术与新产品不断出现。企业从事研发活动的动力，是想获得基于研发创新的收益，同样服从追求利润最大化的目标假设。因为研发成果一旦得以创新性运用，就会因技术或产品创新造成新的垄断势力，从而形成新的垄断优势。这种优势如果固化，就能给企业带来持久的超额利润。反过来，超额利润的存在也为企业投资于研发活动提供了正向激励。这种

①③ ［英］克利斯·弗里曼，罗克·苏特．工业创新经济学［M］．华宏勋等译．北京：北京大学出版社，2005.

② 张培刚主编．发展经济学教程［M］．北京：经济科学出版社，2001.

④ 下文中如不作特殊说明，谈及研发活动专指企业为提高经济增长效率而进行的系列研发活动。

基于研发活动的创新，及由创新激励的研发投入积累的互动机制，成为推动经济持续增长的重要原因。另外，来自企业间研发的竞争压力也是提高研发速度和规模的重要动力源泉。西方学者把发明与创新的竞争列为与价格竞争、产品竞争同等重要的第三类竞争①。发明与创新竞争的目标是避免其垄断地位或分享未来的市场份额，在这个环境中，竞争的关键方式是研发②。

研发投入、研发主体、研发机制是影响企业研发能力的三个重要因素。从已有发达国家的经验看，建立创新型国家需要确保研发投入占 GDP 产值比重约为 2.5%，并维持研发投入一定增长率；以企业为应用技术创新主导，建立稳定的产、学、研合作研发机制；促进优质科技创新资源的开放与共享是稳步提升企业创新能力的关键。

相对于经济增长的其他实体性要素，分析研发活动对经济增长的贡献特别要关注研发成本、风险和外部性的影响。研发成本的存在使我们需用收益—成本比较分析法来代替“经典经济学均衡分析法来优化研发资源的配置”；研发具有不确定性，其成果具有较大的外部性，因而单纯靠市场的功能是不能促成社会所需的最优规模和速度的。鉴于此，增强研发的动力和能力需要着力于降低研发成本、控制风险和将外部性内部化。从已有研究看，降低研发成本的主要措施是增强社会和企业的研发知识积累量以及进一步丰富研发活动经验，通过搭建产学研合作研究平台、建立基础资源和信息共享平台，利用好研发外部溢出效应。控制研发活动风险主要是从进一步完善资本市场风险投资和运作机制扩大研发活动的融资渠道，以及通过完善专利制度和加强专利保护执行力度确保创新者收益两方面进行。减少研发活动外部性的主要办法是通过实施企业兼并或提高纵向一体化水平壮大企业实力增大创新收益高于成本的幅度，激励具有一定垄断势力的企业从事研发活动的积极性。

---

① ［美］约瑟夫·斯蒂格利茨．微观经济学：不确定性与研发［M］．纪沫等译．北京：中国金融出版社，2009.

② 早期经济学家（如肯尼斯·阿罗）已经注意到了不同市场结构对企业研发支出的激励，然而，研发活动本身的竞争并没有纳入经济增长分析模型的框架。

三、提高研发的传播与转化效率，推动基于创新的经济发展方式转变

科技研发活动，主要是侧重于发现新的科学知识原理并运用科学知识形成新技术和创新型产品。但能否推动其商业化运用，还需要有一个较长的传播与转化过程。这个过程是使科技研发从基于知识的角度向基于商业角度的转变过程，是促进科技与经济融合的重要环节。一项新发明的技术，“除非得到广泛运用和推广，否则它不以任何物质形式影响经济”①，更谈不上推进整个产业技术进步和经济结构调整，从而促进经济增长方式转变；并且，发明、创新和技术进步的扩散与转移本身也是提高经济增长效率的重要途径。

自 20 世纪 50 年代以来，西方学者对技术创新成果扩散的研究逐步形成系统化的成果，如 Rogers E. M. 1962 年出版了专著《技术创新扩散》。此后，学术界围绕技术创新扩散的概念、影响因素与动力、创新集群的形成、创新扩散的动力模型等方面对技术的传播与转移进行了多方面的研究，基本形成了研发成果传播与转化的框架体系。这个框架的重点在于动力机制、传播与转移过程、理论模型、影响因素、政策环境和研发成果传播与转化的主体功能定位。尽管提高研发成果的社会需求使企业共享创新收益是研发成果传播和转移的重要动力已成为学界的共识，但针对动力传导机制更为深入的分析至今仍是理论研究十分薄弱的环节。传播与转移过程微观层面主要经历研发→设计→创新→中试→生产→销售几个阶段，宏观层面主要经历企业创新→集群创新→城市创新→区域创新→国家创新体系形成几个阶段②；也有学者将这一传播过程分解为创新观念扩散、创新技术扩散以及实施技术创新技术扩散三个阶段③。在这个传播与转移过程中，理论模型主要围绕速度与传播轨迹、经济决策两类模型展开。前者代表性的理论主要有曼斯费尔德的传染病模型和戴维的概率模型；后者代表性理论主要有“中间技术论”（E. F. Schumacher，1985）和“适用技

① ［英］P. 斯通曼. 技术变革的经济分析［M］. 北京：机械工业出版社，1989.
② 王帮俊. 技术创新扩散的动力机制研究［M］. 北京：中国经济出版社，2011.
③ 武春友，戴大双，苏敬勤. 技术创新扩散［M］. 北京：化学工业出版社，1997.

术论”（A. K. Reddy，1975）[①]。研发成果通过传播与转移形成经济增长新的支撑力，还受到来自国际经济交往方式、经济体制、产业结构、组织机构和政策环境等经济因素的影响，从而使实际的传播与扩散路径表现出一定的随机性。为加大对研发成果传播与转化的积极性和效率，特别需要抓好完善政策环境和健全组织机构的功能定位两个关键环节。促进研发成果传播与转化的政策环境主要包括激励政策、体制政策、要素条件政策、保障条件政策等。如实施技术转让所得税优惠政策；采取以奖代补、贷款贴息、创业投资引导等形式，完善和落实促进新技术、新产品应用的需求引导政策；支持企业承接和采用新技术，开展新技术、新工艺、新产品的工程化研究应用；完善落实科技人员成果转化的股权、期权激励和奖励等收益分配政策等。健全组织机构的功能定位主要是明确政府、社会中介组织和企业所起的重要作用与功能定位。如政府在技术传播与转移中的功能定位主要在于构建框架、引导社会和环境营造[②]；社会中介组织的功能在于将一般性的技术与产业或企业的专业技术相结合，黏合企业、大学和科研院所等，引发或促进多个创新单元同时或相继进行相关技术创新而形成创新集群[③]。

总之，围绕研发成果传播与转化的研究众多，研究框架基本形成，积累了许多研究成果。但是，随着研究对象的具体化，一些问题尚未得到进一步研究便被搁置起来，还需要大力加强进一步探讨。如什么因素会影响制约扩散和转移效率的研究需要进一步系统化，研发成果传播与转化的动力机制究竟如何运作，动态演进路径是什么等还需要花大力气探索，对这个内容的定量分析与绩效评价的研究基本处于起步阶段。

四、基本结论与延伸

基于研发、创新实现经济增长方式的转变依次经历发明、创新和技术传播

① 张培刚．发展经济学教程［M］．北京：经济科学出版社，2001.

② 吴峰．英国建立技术与创新中心的背景、理念和机制［J］．全球科技经济瞭望，2011（11）：4-5.

③ 杜洪旭，莫小波，鲁若愚．中介机构在技术创新扩散中的作用研究［J］．软科学，2003（1）：7-9.

与转移三个阶段；通过提升研发能力促进创新和经济增长方式转变的两个关键环节是增强研发的动力和能力，以及提高研发成果的传播与转化效率。企业研发动力的提高主要表现在研发投入增加和研发机构的成立和完善，企业研发能力的提升主要表现为新技术与新产品不断出现。研发成果的传播与转化过程是使科技研发从基于知识的角度向基于商业角度的转变过程，是在更大的范围内促进科技与经济融合，产生研发、创新的经济效益和社会效益，推进整个产业技术进步和经济结构调整，从而促进经济增长方式转变。增强研发的动力和能力，以及提高研发成果的传播与转化效率的已有文献虽然颇丰，但大多集中在政策研究和制度设计层面，对其理论分析虽然众多，但较分散；系统的逻辑架构虽初步建立，但许多具体问题的研究急需完善。尤其是基于研发视角探讨促进科技与经济融合，促进经济增长方式转变的动力传导机制、系统化地扶持政策体系等研究急需开展。为此，我们尝试性地架构了基于研发、创新实现经济增长方式转变的基本逻辑框架，梳理和评述了已有研究成果的分析思路和主要观点。如何在已有研究成果的基础上，针对现有研究的薄弱环节，尤其是在进一步分析每一步传导机制的基础上，系统性地提出符合我国经济发展现状的基于研发创新转变经济增长方式的传导机制、影响因素和政策环境保障，并提出相应的对策建议，提出绩效评价的方案，将是下一步需要大力研究的工作。

第七章　基于科技创新与发展方式转变的研发平台能力提升研究

培育和建设高质量与好成效的研发平台，是服务于科学研究和企业技术创新的基础条件和资源保障，是实现向创新驱动经济发展方式转变的重要前提。落实党的十八大提出的实施创新驱动、通过建立学习型社会和创新型国家进一步夯实加快转变经济发展方式的动力，为全面建成小康社会奠定坚实基础，还需要进一步提升研发平台的能力。关于研发平台能力的构成与评价，由于研发本身所具有的不确定性、收益外溢性等特征，使传统的经济学分析框架和工具对此开展的理论研究显得捉襟见肘。为数不多的最新经济文献开始涉及研发，但主要是研究研发与经济增长的关系，并没有打开研发系统的黑箱[①]。目前对研发平台能力提升的探讨，多基于缺乏成熟的理论模型、数据获取难度、绩效指标体系构建不易等原因，多着力于地方经济和科技研发资源条件的经验性对策研究。在其基础上系统归纳，较普适性地提出解决办法，以为学术界与决策层后期开展实证研究和制定决策提供理论指导和决策参考还需大力加强。我们在整理已有文献案例与经验研究和各级政府相关政策文件的基础上，将研发平台能力概括为系统创新能力、运行能力、持续创新能力和汇聚资源能力，并从促进科技创新与发展方式转变角度尝试性地探讨了提升研发平台能力的对策。

---

① ［美］约瑟夫·斯蒂格利茨．微观经济学：不确定性与研发［M］．纪沫等译．北京：中国金融出版社，2009.

一、研发平台能力的总体提升方略

研发平台是建设创新型国家的基石①。针对稳步提升科技创新能力和向创新驱动经济发展方式转变的目标，研发平台是产生一系列科技创新成果的重要渠道，是汇聚与整合科技创新资源要素的重要基地，是实施重大科技创新项目和开展科技研究课题的重要载体。相对于单项的科技研发项目，研发平台因其能在较深程度上对研发资源要素进行融合、在较大范围内促进科技信息与重要资源共享、较易实现创新成果的规模化与集成化，成为当前低成本、高效率地提升科技创新能力、降低创新风险的最重要载体。

如何提升研发平台能力，以适应世界新科技革命和建设创新型国家的需要，建立未来全球的竞争优势，不同国家和地区纷纷出台了一系列文件推动落实。这些文件所提出的具体方案在实施重点领域、具体安排、推进步骤、激励机制、考核方式等方面各有侧重。但总体思路与发展目标还有较大程度的共识。总结一系列文件和对策，结合我国实施科技创新驱动、建设创新型国家和学习型社会的要求，以及不同国家和地区实施创新发展战略的经验，我们认为当前我国提升研发平台能力可坚持以下方略：以科学发展观为指导，按照“统筹规划，优化布局、创新机制、提升能力”的思路，以重点学科建设和解决经济、社会和科技发展中的重大科学和技术问题为导向，以完善技术创新链和重点产业创新链为主线，以整合资源、开放共享为核心，平衡好优化结构与提升能力、平台建设与人才培养、高效运行与完善体制机制等各种关系，构建“布局合理、设备先进、开放共享、运行高效”的研发平台体系。围绕上述方略，可以将先前学术界与实践部门许多关于高质量、好成效研发平台能力具体表述，如自主创新的“标杆”，汇聚人才的“高地”，成果转化的“窗口”，对外科技合作的“先锋”，资源开放共享的“典范”等，归纳为系统创新能力、运行能力、持续创新能力和汇聚资源能力四个主要方面。通过不断着力于提升研发平台上述四方面能力，会使科技引领经济和社会发展的能力进一步增

① 许江萍．研发平台：创新型国家建设的基石［J］．中国科技投资，2009（5）：9-10.

强，科技创新对经济增长的贡献度进一步提高，对产业结构调整的支撑和带动能力有效提升；同时，也将明显改善科技创新的平台资源条件，使应用基础研究、高技术研究的支撑条件得到强化，重点学科得到快速发展。

二、以统筹规划与优化布局为核心，提升研发平台的系统创新能力

自20世纪80年代以来，随着国家和区域创新体系等概念提出，系统性属性已成为创新研究最核心的特征①②。从发达国家的经验看，作为一个体系的研发平台建设，统筹规划与优化布局是避免资源浪费和重复建设，高效实现创新经济社会发展目标的重要途径③。因此，以统筹规划与优化布局为核心，与区域、产业、城乡发展水平与目标，以及资源禀赋条件相适应，是提升研发平台系统创新能力的重要保障。

研发平台体系包括面向前沿学科开展基础性、前瞻性研究的知识创新平台和面向经济建设主战场开展应用研究的技术创新基地建设，主要包括实验室、工程中心、野外观测台站三种类型，涵盖国家级、省部级两个层次。其中实验室是产生重大原始创新成果的重要条件；工程中心是提供产业发展关键技术和共性技术的重要基地；野外观测台站是采集野外科学研究基础数据的重要手段。加强研发平台的统筹规划，在稳步扩大研发平台规模的同时，着力于进一步优化研发平台体系的功能、空间与产业布局结构，才能通过完善科技资源配置效率促进各类型和各层次研发平台的平衡、协调与可持续发展，提升研发平台体系的整体运行效率，及其对科技创新能力和实现向创新驱动经济发展方式转变的支撑绩效。

首要的工作是进一步优化实验室、工程中心和野外观测台站的发展目标、

---

① 如现代知识规模扩大和多样化发展，知识和技能更新速度加快，创新的系统性属性大大增强，相应地，创新动力源泉的关注重点从熊彼特Ⅰ型逐步转到熊彼特Ⅱ型；创新研究的范畴逐步转向产业或部门；在创新空间布局上更加注重研究国家或地区创新体系。

② [挪] 詹·法格博格．创新：文献综述 [A]// [挪] 詹·法格博格，[美] 戴维·莫利，[美] 理查德·纳尔逊主编．牛津创新手册 [C]．柳卸林，郑刚等译．北京：知识产权出版社，2009.

③ 储节旺，邓方云．国外研发平台建设经验及对我国的启示 [J]．安徽科技，2012 (10)：10-11.

依托载体、重点任务，避免低水平重复竞争造成科技资源的浪费与低效使用，从多角度和协同推进的角度提升研发能力对科技创新与实施创新驱动的支撑力。实验室，是以重点学科建设和提高相关领域学科建设水平为目标，以高等院校和科研院所为骨干，以知识创新为主要内容的科技创新载体。其重要任务是以开展应用基础研究和基础研究活动为主，围绕上层次、上水平在有领先优势或比较优势的前沿学科和基础学科中，以及有区域特色的重点学科和高技术领域中，通过进一步凝练发展目标和研究方向产生一批重大原始创新成果。工程中心的建设要结合地区战略主导产业、高新技术产业、支柱产业和民生产业发展目标，以提升科技对产业发展的带动力和支撑力为目标，以解决问题和服务经济发展为导向，依托龙头骨干企业、公共研发平台或独立研发公司为主体开发关键与共性技术，为改进生产工艺和提高产品质量提供技术支持。作为获取科技数据资源的重要平台，野外观测台站建设需以为提升科技创新能力和实现向创新驱动发展提供更为准确、可靠和高质量的科技数据资源条件为目标，着力于实施改进数据收集工具和拓展数据收集渠道、提高数据获取准确性与可靠性、加大数据资源共享程度三大重点任务。

在此基础上，还要在空间布局上协调好各类型、各层次研发平台在东中西区域、城市集群、产业园区、城乡间的配置比例，以及它们在三次产业、现代产业体系、战略性产业、支柱性产业和民生产业内部之间的配置比例，使基于研发平台体系建设所形成的创新生产力空间布局与现代产业集群之间联动与协调发展、递进与循环推动。

三、以深化产学研合作为核心，提升研发平台的运行能力

科学与技术的融合与相互推动，是向创新驱动经济发展方式转变的持续动力。受现代知识和技术规模迅速扩大、多元化与交叉融合，自主研究开发的不确定性和高成本，竞争前沿技术研发以获取未来竞争优势等原因影响①，支撑科技创新和创新驱动经济发展的许多重大研发成果的产生需要跨学科、多元化

① 李纪珍．研究开发合作的原因与组织［J］．科研管理，2000（1）：3-4.

地整合与协同，研发团队实力而非个人非凡能力成为影响创新绩效的更重要源泉。如果说早期的研发合作主要是解决中小企业创新源，当今即使像 GM、GE、IBM、Microsoft、Philip 这类的世界公司也需大量通过合作研发以解决创新源的问题。与此相适应，以项目为依托、以团队合作为主要形式的产学研合作研发平台，因其能在较大范围内形成资本、技术、人员、设备、信息等要素的共享与优化配置、分散和降低研发投入风险等，成为在研发资源有限的情况下更为高效和快速提升研发能力的最重要载体。

产学研合作提升研发能力，在创新经济学研究中不是一个新现象。已有文献围绕产学研合作类型与动力障碍、地方政府作用、知识产权冲突、法律政策、中介组织等专题对产学研运行机制进行了广泛研究①。因此，我们对作为研发平台运行机制核心的产学研合作研究的重点，就是在这些研究成果的基础上，结合国家和区域创新经济最近发展战略和产业布局的新要求，在具体操作方式上从科技创新与支撑经济发展的角度系统探索如何提升产学研合作运行机制效率。

（一）建立产学研研发平台开放共享的运行机制

一方面，研发所需的技术、人才等核心要素资源的消耗不受边际报酬递减规律的制约，反而因其收益的外溢性使研发过程具有规模收益递增特征，从而使研发核心生产要素的集约使用将持续推进经济增长②。因此，产学研研发平台挖掘和整合的资源存量越大，越能高效优化科技资源配置效率，提升创新绩效。另一方面，随着发展中国家走“新型工业化道路”和发达国家走“再工业化道路”的提出和实施，世界经济结构调整和产业转移力度将进一步加大，在全球范围内建立创新资源配置新机制以抢占未来发展制高点，加速科技与经济的融合，确保经济发展尽快走上创新驱动轨道的要求变得更加迫切。因此，新时期研发平台的培育与建设必须以开放共享为核心，以世界级战略眼光，瞄准世界科技前沿，共同开展技术创新，参与制定国际技术标准，努力提高开放

① 胡舜，黄上国．关于产学研合作运行机制的文献综述［J］．中国商界，2010（6）：7-8.

② 唐龙．科技创新推动经济发展方式转变的理论研究述评［J］．湖北经济学院学报，2013（1）：7-8.

创新能力以及在相关技术标准和专利领域的国际“话语权”。

在操作方式上，一是以战略性新产品为牵引，通过引导全球大学、科研机构与当地企业进行合作，加快企业“走出去”到海外建立或兼并研发机构进一步获取和利用海外创新资源的渠道，建立虚拟网络协同创新平台三条途径，以合作、引进、兼并等形式组建跨国别、跨地区国际产学研联盟和成果中试基地。二是以产业龙头企业为主体，联合国内外大学和科研机构，组建若干关联性大、带动作用强的工业前沿技术研究院，实施战略技术突破工程，争取在掌握优势产业核心技术、前沿先导技术、产业化应用关键技术等方面取得重大突破。并在此基础上，围绕产业链与创新链的延伸形成创新产业集群，使之逐步发展为国家和区域经济新的增长极。三是主动融入世界创新体系，结合新型工业化和战略性产业发展规划，在空间与海洋技术、信息与通信技术、新能源与新材料、云计算等未来重要的高技术与前瞻性领域超前部署，努力形成一批具有自主知识产权和广泛应用前景的重大原始创新成果，满足长远发展的科技需求，为经济平衡、协调与可持续发展提供后续支撑力。

（二）破解制约产学研合作平台建设中的重大体制机制问题，加大产学研合作平台建设力度

一是加大研发平台依托主体单位的运行体制机制改革。如加大科研院所分类改革力度，对公益性较强的科研院所着力于打造公共研发平台；加强一部分应用型较强的科研院所与企业合作建立研发平台的力度。

二是以技术创新和人才培养为导向促进产学研研发平台所涉及主体的科研管理体制改革，使之融合发展。如探索完善校企、校地在专业设置方向、人才培养过程、就业与员工在职继续教育等方面联合办学的机制和途径。以应用型科技大学试点为契机推进高校科研体制改革，加强以应用和产业化为导向的评价考核，引导科研活动更好地面向实际需求；依托企业建设高校学生实习基地和高科技体验中心，加大企业参与科技创新人才培养的力度。

三是通过促进关键科技资源要素共享提升研发能力。如建立人才跨组织的合理有序流动机制。根据研究开发项目的需要，从重点企业研发中心选择工程师到国内外著名科研机构和大学做访问学者；或从国际著名科研机构和大学中

聘请名师担任企业研发课题首席创新官。

（三）着力于进一步完善产学研合作内动力的激励机制，调动各部门产学研投入的积极性

尽管产学研合作有来自技术创新和市场需求动力的激励，但作为合作创新的组织，如果没能有效地解决各创新主体经济诉求、建立激励相容的利益分享机制、降低收益不确定性风险等问题，推进产学研合作持续创新的内动力还是较薄弱的。如针对创新主体经济诉求，可鼓励国有大型控股集团创建独立的股份制研发公司，并在研发公司内试点推行团队领军人才和核心人才持股分红激励政策；针对建立激励相容的利益分享机制，比如产学研合作中知识产权收益纠纷难题可探索与完善专利授权奖励和有效专利维护费资助制度；针对产学研研发平台建设周期长、投资大、收益不确定等因素造成动力不足问题，可在税收、土地、共享设备等方面出台优惠政策，打造研发平台投资与建设的价值洼地，完善全球研发资源的风险投资与担保机制等。

四、结构优化与示范提升互促，提升研发平台的持续创新能力

依据转变经济发展方式的内涵要求，提升科技创新的支撑力，不仅需要研发平台规模适度增长，更关键的在于提升研发平台科技创新能力。科技创新对经济增长的支撑是重大产业变革与重构的基础和形成经济周期的重要成因。因而，要保持经济在长期内持续增长，就需要有一系列创新相继推动的过程①。持续创新，需要结构优化与示范提升交叉与递进推动，共同提升研发平台持续创新能力。

一方面，以优化结构、完善研发平台体系为目标，加强分类指导与管理。不同类型和不同发展程度的研究开发平台通过持续改进和协调发展逐步建成以国家级研究开发平台为龙头、省部级研究开发平台为骨干，学科和产业结构布

① ［英］克利斯·弗里曼，罗克·苏特．工业创新经济学［M］．华宏勋等译．北京：北京大学出版社，2005.

局合理、功能定位明晰、设施装备优良的研究开发平台体系，需要对它们进行分类指导和管理。在具体的操作方式上，要依据研究开发平台建设的统一规划，学科、产业发展需要和“总量控制、定期考评、末位淘汰、增补缺额”的原则，通过新建、培育、重组、增强四种方式不断优化结构、完善研发平台体系。对科技创新和产业发展急需且已有学科和技术优势的平台，要以新建的方式加快组建；对符合科技创新和产业发展方向、有筹资能力且有望形成相对优势或明显特色的平台，要以培育的方式先挂筹牌试运行；对目前学科或技术和服务领域相近的已有平台，要采取重组的方式，整合资源，做大做强；对符合科技发展重点，目前已具备较好基础、运行良好的平台，要瞄准国家目标，采取能力提升的方式继续支持。

另一方面，以扶优扶强，上档升级为目标，通过示范性培育与建设形成研发核心竞争力。高水平、上档次的研发平台的培育和建设是形成研发核心竞争力的关键。在操作方式上，需以具备研发核心竞争力的高水平国家级研发基地为目标，以建设“开放示范重点实验室”或“开放示范工程技术研究中心”为载体，按照“有所为，有所不为”和“择需、择重、择优”的原则加强研发平台的支持与建设。在对象选择上，需选择若干符合国家重大需求和经济发展需要，且在学科上有突出优势或产业上有明显带动作用、研究开发居国内先进水平、基础扎实，且在资源共享开放、产学研结合、管理运行、研究开发业绩、创新人才队伍建设、支撑发展等方面做出较显著成效的优秀研究开发平台中，通过体制机制创新、资源共享、项目资助、运行补贴、共建开放基金和表彰奖励等进行示范性培育与建设，使之在形成研发核心竞争力、示范引领经济发展中发挥主导作用。

五、以完善体制机制改革为核心，提升研发平台的汇聚资源能力

研发平台作为最近几十年最重要的创新组织，一个优势在于汇聚资源，尤其是人才、资金和技术三大核心要素以提升协同创新的能力。发挥这些能力，完善体制机制改革以释放制度红利是其核心和关键。其制度激励的着力点需要有序、稳健地推进以下工作。

首先，以创新团队为重点，以引进与培育为手段，提升研发平台汇聚人才资源的能力，把研究开发平台真正建成高素质创新人才聚集的高地。科技创新人才是决定创新能力最核心的要素。吸引、汇聚学科带头人，培养优秀领军人才和青年骨干科技人才是建设研究开发平台的重要任务。在执行方式上，研发平台依托单位可采取项目、人才和基地建设协同推进的方式，创新引进与培育创新团队的机制，促进研发人才的集聚。一方面，通过赴海外和技术先进地区“招才引智”；跟踪技术项目和技术带头人，协同推进人才引进和项目嫁接；与国内著名高校和科研院广泛合作建立人才培养和项目转化基地；设立“博士后工作站”和“留学人员工作站”等方式，引进大批高水平研发人才集聚当地研发平台。另一方面，通过实验室建设，有目的地培养一批大师级科学家和具有国内外先进水平的研究团队；通过工程中心建设，有目的地培养出一批杰出技术专家和高水平技术创新团队。此外，以实验室与工程中心为依托，围绕技术创新链与产业创新链开展技术服务与培训工作，并适度承接高等学校和职业培训学校学员的实习和实训，为培养科技后备人才提供条件。

其次，“五轮联动”健全研发投入经费稳步增长机制，提升研发平台汇聚资金的能力。一是稳步提升研发投入经费，确保科技经费增幅高于财政经常性收入增幅，提高研发投入占地区生产总值的比重，加大工业研发投资强度，增强实现创新驱动的要素供给力。二是强化政府研发支持资金的引导作用。通过确定合理的资金杠杆比例有序引导个人资金、创投资金、私募资金参与技术创新投入力度；以及通过阶段参股、跟进投资、投资保障和风险补助等方式，吸引境内外股权投资基金、社保基金、保险公司等投资机构开展创业投资业务，构建多元化、多渠道的研发投入体系。三是确立企业技术创新主体地位，提高企业研发费用支出占全社会研发费用支出的比重，使规模以上企业新产品产值提升到一个新的水平；立足现代产业体系优化战略性支柱产业、创建创新产业园区和产业集群、科技型中小微型企业、技术创新中介服务机构之间的研发投入资金配置，推动产业结构调整与升级。四是持续释放制度红利，围绕降低成本、加大扶持、扩大研发资金筹措渠道和控制风险四方面着力于挖掘研发经费来源及激励研发活动。五是加强研发投入统计与绩效考核，督促研发投入目标任务分解落实。

最后，促进研发平台融入世界科技创新体系，大力提升研发平台汇聚与融合国内外先进技术的能力。在操作方式上，一方面，战略性产业、优势主导产业的研发平台可以项目研发和技术改造为核心，通过参与国内外科技交流与合作，加强国内外先进的经验和技术学习，柔性引进先进技术与工艺，吸引国外研发平台落户，加强关键技术、先导技术、关键共性技术的引进消化与再创新等手段汇聚技术资源，提升研发平台协同创新的能力；另一方面，通过主动参与公共研发平台建设、技术开发外包与服务、大型科研仪器共享、科技研发网站完善等手段，提升中小型企业汇聚外界科技研发平台资源提升自身研发水平的能力。

第八章　着力于科技成果转化环节提升科技创新促进经济发展方式转变的支撑绩效

从科技创新支撑经济发展方式转变的传导机制看，打通科技与经济之间的桥梁在于促进科技成果转化。科技成果转化率的高低将直接影响科技创新支撑经济发展方式转变绩效的好坏。

一、科技成果转化的概念与途径

科技成果转化是指围绕产业技术进步需求，对知识与技术创新成果通过后续进一步开展试验、开发、应用和推广形成新产品、新工艺、新材料，在完善它们功能价值的同时使之具有经济价值，从而提高生产效率或推动新产业发展以促进经济发展方式的转变。科技成果转化使创新成果从创造地转移到使用地、从技术层面转向市场层面，从而完善了创新链，并使科技与经济实现融合发展。

通过促进科技成果转化提高生产效率，推动新产业发展，增强企业的核心竞争力，已经成为在经济发展新常态下世界各国转变经济发展方式、提高经济增长质量的重要途径。科技成果转化的途径有直接和间接两种方式。科技人员带技术创业，高校、科研机构与企业实现项目合作，创新从业人员单位互派和交流等都是有效的直接途径。科技成果也可以通过专门机构、第三方公司或科技咨询公司等实施间接转化。

二、科技成果转化是落实科技创新支撑经济发展方式的重要桥梁

科技创新绝不仅仅是实验室里的研究，还要面向经济和社会发展的主战场，以企业为主体、市场为导向、产业化为目标，并结合国家需要、人民要求和市场需求进行科学研究、实验开发和推广应用，真正发挥科学技术的第一推动力作用。在这个意义上，优先支持促进经济发展方式转变、开辟有利于形成新经济增长点的科技创新，并及时、有效地推动科技创新成果的产业化运用，就能有效地提高科技创新的支撑力。

提高科技成果的转化效率首先要做到市场活、创新实、政策宽。市场活是指发挥市场在创新资源配置中的决定性作用，主要通过市场的方法与手段来发现和培育新的经济增长点。创新实是指创新的方法要科学与可靠、创新的手段要务实，创新成果要有较好的市场需求，符合技术进步的方向并能为广大消费者所接受。政策宽是指通过加快转变政府职能，增强各创新参与者的主体地位和主观能动性，并在保护产权、加强金融支持、强化激励机制、集聚优秀人才等方面提供配套改革和环境营造支持，从而为促进科技成果转化提供有力支撑。提高科技成果的转化效率还需要实现科技创新同经济发展对接、创新成果同产业化发展对接、创新项目同现实生产力对接、研发人员创新劳动同其利益收入对接，从而增强科技成果转化的内在动力和提高科技创新成果转化效率。

三、科技成果转化率低的原因

以 2016 年为例，我国科技成果转化率不足 30%，而发达国家的科技成果转化率却为 60%~70%，差距较为明显。其主要原因在于我国现行的科研管理体制下，科技创新与经济发展脱节，创新链不完整，各创新及其服务主体的科技成果转化意识和积极性均不高。具体表现在：

第一，政府科技管理部门的引导动力不足，管理制度、方式和手段滞后于科技成果转化的需要。政府科技管理部门对科技成果转化的职能认识不到位，

导致推进科技成果转化不力。例如，从发展报告、所公布的数据、机构职责设计等来看，一些政府科技管理并没有把科技成果转化作为管理工作的出发点和工作重心。在政府的绩效考核中，也没有将科技成果转化纳入考核或放置于相对重要的位置。在政府部门制定的科技考核制度、职称评定制度中，科技成果的应用、推广和市场价值没有被放在重要地位去考虑。

第二，科研院所和高校的科技成果转化意识不强。一是为便利成功拿到课题而进行的科研课题设计自然不会蕴含强烈的科技成果转化意图。二是科研人员申报项目的动机影响科技成果转化。相当多的科研人员申报项目主要是为评职称、完成科研任务、获得科技奖项，或者是为争取经费，以面对市场解决某科技问题为直接目的动机并不强。三是课题结项或鉴定后将成果及时转化的意愿不高，而是忙于评奖或争取做其他项目。四是科技人员对科技成果转化的信息不完全、渠道不畅通和方法不熟悉，这也在一定程度上影响了科技成果转化的意愿。

第三，企业作为科技成果转化和科研成果落地的主体意识不强。出于风险、成本和市场不确定性等多种原因，90%以上的企业研发和转化科技成果的动力和能力不足。从技术市场的需求看，最需要技术支持的是中小企业，但它们往往规模小、流动资金紧张、购买专利和改造生产线的能力较弱，对技术创新和成果转化心有余而力不足。国有企业虽然技术人才多，研发条件好，但出于对经济风险、政治风险等的考虑，开展科学研究的动力与能力不足。很多企业甚至没有独立的研发部门和科技情报管理部门。出于短期利益的考虑，一些科技含量高、市场潜力大，但却需经过一段时间才能见效的科技成果难以在企业中转化和推广应用。

第四，科技中介机构和第三方技术服务机构发展不充分或运行效率不高。科技成果的转化是一项系统工程。不同科技创新成果的知识含量、复杂性程度、转移落地的政策障碍等存在较大差距，需要科技中介机构和第三方技术服务机构针对不同项目差异化地提供精准服务方能有效打通科技成果转化的障碍环节。然而，我国科技中介机构和第三方技术服务机构发展不充分或运行效率不高。例如，生产力促进中心的创业服务中心功能单一，难以提供差异化服务；工程（技术）研究中心一般多为依托企业服务，服务区域内行业的能力弱、意愿不强；科技评估中心、科技情报所、专利事务所等素质参差不齐，远远不能满足企业有效转化科技成果的需要。科技成果转让的市场组织如产权交易中心、科技条件市场发展不充分，从事科技成果转让的技术经纪人能力良莠不齐，开展科技成果转让的市场组织形式也没多元化、更多局限于举办技术市场交易会和科技成果推广对接会，这也在一定程度上影响了科技成果转化的效率。

四、提高科技成果转化率的对策

提高科技成果转化率，需以改革为抓手、着力于科技成果转化链条上各参与主体，从调动积极性、丰富渠道、增强主体意识和加强考核方面增强科技成果转化能力。

第一，改进政府科技成果转化管理体制，加强对科技成果转化的绩效考核。推进科技成果转化，是通过科技部门自身努力可以大有作为的重要工作，是提升科技工作地位的重要抓手，理所当然应该列为科技系统科技工作的核心职能。在达成共识的基础上，认真制订推动科技成果转化的实施方案，并将科技成果转化工作纳入年度目标，摆在突出重要地位。把科技成果转化列为重要督办事项，建立成果转化月报制度和定期专题交流制度。加大成果转化在对政府科技管理职能部门年度目标考评和个人评优评先中所占权重。拿出一部分资金与市政府科技管理职能部门完成成果转化业绩挂钩奖励，调动政府科技管理职能部门推动科技成果转化的积极性。政府应积极引导，大力支持，尽快承担科技成果转化主体的重任，搞好科技成果的转化。政府可通过制定一系列的产业政策和技术政策，引导和鼓励企业建立自己的科研机构，整合有限的资金、人力和物力围绕产业发展方向及企业发展战略，做好自己的技术发展规划，增强创新成果的持续供给能力，为产业结构的调整，转变经济发展方式提供有力的支持。

第二，改革科研考核机制与职称评聘标准，引导科研院所和高校更加重视科技成果转化。将瞄准国内外市场需要的应用类科研项目纳入科研院所和高校的考核体系。在科研项目选题上，更加重视科技创新与产业发展的深度融合。

建立分类考核机制，鼓励将企业委托项目作为科研业绩列入考评指标范围。深化科技人才评价机制改革，将科技成果的转化与产业化运用效果纳入职称评聘考核范围，形成更精细化的职称评聘标准。

第三，建立与完善企业科技成果转化和推广的渠道。企业是科技成果转化的应用主体，可根据自己的实际情况选择专利许可、特许经营、项目推动、合资公司等方式有效落地科技成果转化和推广的具体实施方式。对内部创新能力不足的大多数科技型中小企业，可采取抱团发展，成立产业技术创新联盟来增强共性技术和关键支持性技术的供给能力，促进创新链与产业链的对接。企业对于自身发展急需的技术，也可以采取外部购买的方式或寻找科技成果的合作者。

第四，大力发展中介机构和第三方技术服务机构。大力发展技术成果交易会、技术商城、大学科技园、创业园、孵化器和生产力促进中心等科技中介服务机构，努力降低技术供给方与需求方沟通成本、提高对接效率。以科研技术服务、产业技术服务、工商管理咨询、法律顾问等服务为核心积极发展第三方技术服务机构，采取精准服务帮助化解科技成果转化的难题和政策性障碍、促进科技成果转化落地、提高转化效率。积极引导社会中介服务机构走专业化、规模化发展路子，为科技成果快速落地转化提供更多的选择和更为有效的服务。

第五，改革科技投入方式，调动社会资本参与成果转化。资本市场对科技创新的支持，是提高科技成果转化效率的重要支持条件。为解决新技术应用和产业化过程中面临的融资难、融资贵的问题，应尽可能拓宽融资的渠道，建立一个包含政府财政科技投入、担保贴息、产权质押、股权融资、风险投资和保险的综合性科技金融体系，并尽可能多地调动社会资本参与科技成果转化和产业化发展。特别是要利用创投引导基金的“定向、有偿”注资，通过科技成果转化支持和推动以创新技术支撑的新兴产业的发展。鼓励建立科技型中、小、微企业投入为主，财政投入为辅的科技成果转化风险基金。为提高资金投入的使用效率，可探索建立科技成果转化的长期跟踪机制，加强科技成果转化的考核。对那些在转化科技成果、新技术推广应用和产业化发展中取得好成效的企业与项目，可通过滚动或持续的资金支持，助推其取得更大成绩。

第九章　结构视野：科技创新与经济发展方式转变

一、产业结构：科技创新与经济发展方式转变

从产业结构审视科技创新对经济发展方式转变的支撑力，关键环节在于走新型工业化道路，实现科技与经济的融合发展。走新型工业化道路、转变经济发展方式不仅是实现全面建成小康社会目标的重要战略手段，也是经济发展规律的内在要求和我国改革开放实践经验的科学总结。在资源、环境约束非常强劲的工业化发展新时期，摆脱发展瓶颈，确保经济安全，实现经济又好又快发展，关键的出路在于实现经济发展方式由要素积累驱动向科技创新驱动转变，提高科技创新对实现工业化的支撑力和贡献度，培育核心竞争力，以信息化带动工业化引领结构调整和优化升级，形成产业联动、集群发展、布局科学的现代工业体系。

（一）新型工业化与转变经济发展方式在我国改革开放进程中的提出

新型工业化和转变经济发展方式均是在我国改革开放实践进程中提出的新兴词汇，是完成我国经济社会发展重大战略目标的关键手段。新型工业化和转变经济发展方式的内涵和要求不仅包含经典理论的成分，也在其基础上拓展了更多富有中国特色的内容。因此，对这两个概念在我国改革开放进程中如何提出的背景进行梳理不仅有助于进一步完善我国改革开放的理论智库，也有利于

在新时期发展的新阶段更有效地指导我国各地改革开放的实践，走出一条实现全面建成小康社会目标的科学发展新路子。

21世纪初，我国顺利完成改革开放的第二步战略目标，进入工业化中期发展阶段，人均收入达到3000美元。如何在新起点上实现发展的新突破，党中央提出了在21世纪前20年实现全面建成小康社会的奋斗目标。实现这一目标的核心任务就是实现工业化和城市化。一方面，世界科技革命迅猛发展，信息化浪潮席卷全球，发达国家都已进入后工业化阶段；另一方面，我国工业发展面临的资源环境约束压力进一步加大、产业结构与新时期的资源禀赋和发展要求还不完全适应。在这种情况下，避免中等收入陷阱，实现工业化，夯实全面建设小康社会的基础，就不能走传统的工业化道路。为此，党的十六大提出了走新型工业化道路的重大战略决策。新型工业化的特点，一是科技含量高，二是经济效益好，三是资源消耗低，四是环境污染少，五是人力资源优势得到充分发挥。前四条是根据我国人均资源短缺和适应世界科技进步日新月异发展的要求，第五条则是根据中国人力资源特别丰富的国情提出来的。如何走新型工业化道路是一个很大的课题，不仅需要理论界结合世界经济发展历程提出新的思路指导实践，也需要全国各地通过改革实践不断积累和丰富经验。

自1978年12月党的十一届三中全会作出实行改革开放的伟大战略决策，提出全党工作的重点要转移到以经济建设为中心上来后，以一种什么样的方式实现经济发展一直是经济社会发展的一项重要战略任务。转变经济发展方式是对先前转变经济增长方式的进一步深化，主要是针对我国新时期发展的国际国内环境出现一些新的变化使我国在实现可持续、又好又快发展的形势变得越来越严峻的情况下提出的，是顺应改革形势发展和认识深化提出的新命题。胡锦涛2007年6月25日在中央党校省部级干部进修班上提出把转变经济发展方式作为实现国民经济又好又快发展的重要手段。党的十七大把加快转变经济发展方式提高到关系国民经济全局紧迫而重大战略任务的高度，并第一次在党中央文件中正式表述了转变经济发展方式的基本思路，指出："要坚持走中国特色新型工业化道路，坚持扩大国内需求特别是消费需求的方针，促进经济增长由主要依靠投资、出口拉动向依靠消费、投资、出口协调拉动转变，由主要依靠第二产业带动向依靠第一、第二、第三产业协同带动转变，由主要依靠增加物质资源消耗向主要依靠科技进步、劳动者素质提高、管理创新转变。”此后，《中共中央关于制定国民经济和社会发展第十二个五年规划的建议》提出了以加快转变经济发展方式为主线是推动科学发展的必由之路，并进一步地明确了如何加快转变经济发展方式的基本要求，指出：坚持把经济结构战略性调整作为加快转变经济发展方式的主攻方向；坚持把科技进步和创新作为加快转变经济发展方式的重要支撑；坚持把保障和改善民生作为加快转变经济发展方式的根本出发点和落脚点；坚持把建设资源节约型、环境友好型社会作为加快转变经济发展方式的重要着力点；坚持把改革开放作为加快转变经济发展方式的强大动力。至此，对转变经济发展方式的认识已经从概念层面转向操作性层面，成为新时期推进经济发展和社会进步的重要目标和核心要求。

对比新型工业化和转变经济发展方式的内涵和要求，可以明确，走新型工业化道路和转变经济发展方式是进一步促进科学发展，实现全面建成小康社会目标进程中互相包含、互相促进的两项工作，要在推进经济发展和社会进步的各项改革中统筹考虑、齐抓共进。一方面，走新型工业化道路所蕴含的产业结构的调整是转变经济发展方式的主攻方向；另一方面，在转变经济发展方式的基本思路中促进三次产业的协调发展，促进工业由大变强，体现了走新型工业化道路的基本要求。走新型工业化道路是转变经济发展方式的必由之路；推动新型工业化的各项政策和措施必须以转变经济发展方式为主线和目标。

（二）全面建成小康社会更需走新型工业化道路

从发展经济学的角度看，以工业为核心的实体经济是决定一国发展后劲的决定性因素。工业化是破解二元经济结构，实现落后地区经济发展的重要引擎。工业是实体经济的主体，也是转变经济发展方式、调整优化产业结构的主战场。国际金融危机之后，工业发展面临新的形势。从国际看，欧美发达国家“再工业化”进程加快，高端制造业不断回流；新兴经济体利用资源要素成本优势，吸引传统制造业向本地转移，对我国工业发展形成双重挤压。从国内看，消费需求不足，要素成本上升，部分行业产能过剩，工业压力加大。如果不深刻认识到工业发展环境的新变化，坚定不移地深入推进工业发展，保持较高的经济增速，完成既定经济社会发展目标将化为泡影。

深入推进新型工业化，既是对新型工业化战略的继承和发展，又是转变经济发展方式的重点方向。走新型工业化道路，重点要做好以下几项工作：

一是做大做强工业支柱体系。支柱产业是地区经济发展的火车头，其带动力和辐射力的发挥是实现地区经济起飞的关键。因此，资源、政策、要素、配套服务都需为支柱产业的发展创造有利条件。培育支柱产业体系关键要依托龙头企业。对于发展较好的龙头企业，重点在于通过进一步技术改造、价值链延伸、资源整合、产品换代、品牌价值提升等手段上档提级；新培育的支柱产业如信息、能源产业重点可依托国际知名企业的入驻加快对本地经济的带动力。

二是依托支柱产业，以资源整合、要素综合利用、价值链的延伸为主导方式集聚产业，形成主导产业集群，增强产业发展的综合竞争力，形成大、中、小企业协调发展的良好格局。现代竞争非常激烈，单打独斗很难立足。一方面，要进一步通过高端引进、资产重组、企业并购、资本运作等方式尽快做大做强发展支柱产业所依托的龙头企业，进一步增强其市场竞争力、经济带动力和抗风险的能力；另一方面，要通过大力发展生产性服务、零部件配套加工、中间代理等多种方式，在依托龙头企业形成主导产业集群的同时，也培育一批在全国有影响力的小而精的“小巨人”，形成大、中、小企业协调发展的良好态势，确保工业化强力推进。

三是走新型工业化道路必须以建立现代产业体系为目标，协调好培育战略性新兴产业、改造升级传统产业和加快生产服务业三者的发展。经济发展的过程不仅是主导产业集群形成的过程，也是一个主导产业依次更替的过程。因此，要确保经济发展的持续性，保持工业增长的后劲，就必须有长远的目光。不仅要改造升级传统产业和激发生产服务业发展的活力，还要通过培育战略性新兴产业使经济在较长时期内能通过产业替代与升级持续保持竞争优势。因此，促进走新型工业化道路的重点在于在各自发展壮大的基础上，如何通过产业融合、资源分配、功能互补、科学布局、有序推进，建立现代产业体系，减少外在环境的变化对工业经济的冲击，促进工业经济持续增长。

四是在发挥工业园区对产业集聚平台支撑，建立在全国有影响力的国家新型工业化产业示范基地的基础上，通过进一步优化园区布局，统筹产业、实现城乡和区域协调发展。依托工业园区的合理布局、特色凝聚、主题招商、功能互补，促进工业生产力合理布局与协调发展，实现产业、城乡、区域协调联动发展，避免区县间恶性竞争、低水平重复建设、发挥比较优势。当前的重点是抓住经济一体化加速和产业梯度转移，按照产业布局的内在要求，以有效集聚和利用资源、提高投资强度和经济密度、以发挥地方比较优势为原则，进一步凝练各产业园区的发展特色，形成特色明显、优势互补、相互支撑、互相带动的园区体系，进一步增强对工业经济发展的承载能力和运行效率。

五是为确保科学发展，必须以节能减排、实现绿色发展作为走新型工业化道路的硬约束。特别是要通过坚决执行“关、停、并、转、迁”，淘汰落后产能，抑制产能过剩行业发展。要切实通过着力构建资源节约、环境友好的工业体系，发展循环经济，提高资源综合利用水平，促进节能减排，避免走发达国家“先污染、后治理”的老路。

（三）促进经济发展方式转变关键在于提升新型工业化的科技推动力

当今世界，国家和地区之间的经济竞争，归根结底是科技的竞争，掌握科技创新的制高点就抢占了市场竞争的先机。实现经济发展方式转变从推动力的角度就是要实现经济增长由要素驱动向创新驱动转变。科技创新是新型工业化的两大基本特征之一，在金融危机对实体经济产生极大冲击的大背景下，抓住国际新一轮产业调整和分工带来的战略机遇，率先走出困境的重要出路，关键是通过转变经济发展方式提升工业经济发展的科技推动力，包含从创造新产品和新工艺的发明、把发明转化为商业应用的创新，以及把创新扩散到整个经济社会三个阶段提高科技创新对经济增长的贡献率。

提升新型工业化的科技推动力，就是坚持把经济发展建立在科技进步的基础上，带动工业化在高起点上迅速发展，坚持注重经济发展的质量和效益，优化资源配置，提高投入产出效率和经济回报，坚持推广运用先进适用技术，提高能源、资源利用效率，突破能源、资源约束。其目标是完成融入经济主战场促进创新驱动，瞄准国家战略建设创新高地，创新体制机制突破发展瓶颈；形成多元化、多渠道的投入模式；提升科技创新能力的发展后劲。总体思路是以科学发展为主题，以支撑经济发展方式转变为主线，抓住科技研发增长机制、自主创新、科技成果转化、技术转移与扩散、科技创新平台、体制机制创新、科技服务水平、公共信息资源等关键环节，着力信息化迁移、复合化发展，通过科技创新，突破高端人才、核心技术、稀缺资源等生产要素瓶颈，切实缓解资源环境压力，实现高效低耗、环境友好、社会和谐；立足于当今时代经济科技发展的新水平，充分发挥比较优势和后发优势，努力推动制造业基地向创新型基地的转变，推动工业经济走上创新驱动、内生增长的发展轨道。具体的实施途径主要包括：

一是把挖掘和有效利用科技创新的关键要素资源作为走新型工业化道路的重要前提。一方面，加大科技研发投入力度与提升科技研发使用效率并重，为支撑新型工业化发展、转变经济发展方式提供有力的经费保障。为此，应该进一步加大科技研发的投入力度，保证科技研发的投入对经济增长有高效而稳定的贡献。通过建立稳定的政府科技投入增长机制、设立战略性新兴产业发展专项资金、综合应用财政拨款、贴息等政府引导手段和风险投资、科技担保等科技金融方式，引导企业不断加大科技投入，吸引更多社会资金和国外资金支持科技创新和产业发展，形成多元化、多渠道的投入模式。另一方面，大力依托科技创新平台培养科技创新人才团队，促使高水平领军人才、科技创新骨干人才、青年科技人才脱颖而出。

二是把依靠高新技术和先进适用技术加快产业结构调整和升级作为推进新型工业化的根本途径。按照“新兴产业规模化、优势产业高端化、特色产业集群化、传统产业高新化”的“四化”原则，促进工业经济结构的调整与升级。以科技创新大力发展高新技术产业和民营科技企业，稳步提高科技成果转化整体效能，提高高新技术企业、民营科技企业的产值增长率和对经济增长的贡献率。加大科技创新投入和高新科技研发，以高新科技为支撑，培育战略性新兴产业，使之成为新的经济增长点。大力发展低碳经济模式，加快发展方式转型，积极推动传统产业转型升级，推动工业发展由规模扩张向质量提升转型，由产品制造向产品创造转型，由提供单一技术和产品向提供系统解决方案和服务转型，由周期性发展向可持续发展、协调发展转型。

三是把提高自主创新能力作为推进新型工业化的强大动力。建立“科学研究—技术研究开发—工程开发—产业化支撑”四位一体的科技研发体系。以重大项目研究与开发为主线进一步完善政、产、学、研、用的协同创新平台，推进跨学科、跨领域、跨行业的技术集成，注重协同创新。推进军民融合技术创新，着力突破制约经济社会发展的关键技术，着力解决制约经济社会发展的重大科技问题。

四是把加强科技创新平台建设作为推进新型工业化的硬件支撑。按照“统筹规划，优化布局、创新机制、提升能力”的思路，紧密围绕经济、社会和科技发展中急需解决的重大科学和技术问题，围绕支柱产业、优势产业及重点学科发展的需要，大力加强重点实验室、工程技术研究中心、工程研究中心、工程实验室、博士后流动站、企业技术开发中心、野外观测台站建设。以全面提高自主创新能力为目标，优化结构、提升能力为主线，整合资源、开放共享为核心，深入推进研究开发、资源共享、成果转化三大科技平台建设，强力实施结构优化工程和示范提升工程，进一步提高原始创新能力、集成创新能力、研究开发能力和科技成果转化能力，增强工业发展的科技引领与支撑能力。

五是把科技创新体制机制及相关扶持政策的完善作为推进新型工业化的重要保障。积极培育“企业主体、项目支撑、依托基地、政策扶持”“四轮”驱动的科技创新的体制机制，完善激励和保障工业科技创新的财政政策、税收政策、金融政策、人才资源政策、专利政策、土地资源政策等。

六是把提升科技创新服务水平作为推进新型工业化的良好条件。要加大科技创新的系统规划，加强集成创新能力，通过充分利用创新的外部溢出效应提高工业经济发展的整体水平。积极提高科技创新服务的信息化水平，着眼于信息技术的不断发展，不断提高工业设计研发信息化、生产装备制造数字化、生产过程智能化、经营管理网络化水平。完善自主创新示范区、高新技术科技园区、联合科技开发型研究平台、技术交易所、网络化的科技资源开放服务体系和研发实验服务基地，加快先进和适用科技成果的推广与传播速度。鼓励和保护创新，加强知识产权工作和科普工作，让更多企业能分享科技创新给企业带来的好处。

二、区域视角：科技创新与经济发展方式转变

基于发展的不平衡性、多层次性，以及日趋激烈的区域间竞争，因地制宜

地从区域视角寻找夯实科技创新对加快转变经济发展方式支撑力的对策，对于实现区域经济健康、协调与可持续发展有着重要的战略意义。从区域视角来看，区域科技创新是连接科技创新与转变经济发展方式的重要桥梁和纽带。

区域科技创新体系的构建是一项系统工程。提高区域科技创新能力能够有效促进区域经济结构调整，优化区域产业结构，形成区域内和区域间的衔接错位，从而推动区域经济方式转变。

区域内不同功能区的科技创新重点也要实现错位发展。在主城区和近郊地区，要着力提高科技型企业的自主创新能力，要利用区位优势和条件优势汇聚创新资源，大力培育和发展先进制造业、高技术产业和服务业，不断提高硬件和软件的国际竞争力，以及可持续发展能力；在远郊区域要做好科技成果的转化，着力振兴装备制造业，做好产业承接转移和技术消化吸收；渝东南和渝东北地区要通过自主创新的支持来提高产业素质，优先发展现代农业和山地养殖等产业，进而增强经济的自生发展能力。总之，科技创新的发展要因地制宜，最大限度地挖掘好、利用好、发挥好不同地区的各种要素资源，整个区域科技创新能力要科学规划，合理布局，协同推进。具体实施路径主要包括：

第一，进一步推动区域科技创新资源大幅度向企业集中。企业是技术创新过程中的最重要主体和载体之一，也是推动区域自主创新能力提升的核心力量。当前，企业在区域创新中已逐步由“幕后”走向“前台”，由“配角”转为“主角”，企业在区域创新中的主体地位已得到进一步确认和认可。进一步整合区域创新资源，推动企业技术创新和能力提升，能够有效推动区域科技创新体系更好发挥功能，最大限度地服务区域经济发展，促进经济发展方式转变。对企业而言，能够在生产中更广泛地运用高新技术、先进技术，或运用科技创新成果对现有设备进行技术改造，抑或通过开发新产品调整产品结构和优化市场环境，从而整体提高企业技术创新水平。

第二，以“双创”为引领，大力发展科技型企业，推动形成高科技产业集群。积极整合区域创新资源，以创新创业的时代潮流为引领，积极打造创新创业基地，积极推动科技成果转化和科技人才创新创业实践。进一步发挥政府对科技创新的杠杆调节功能，通过政策引导、项目指导和税收优惠等手段为科技型企业创造良好的外部环境，进一步引导社会资本流向创业企业，加速实现区域创新资源优势向经济优势的转化。同时，加强对高科技产业特别是战略性新兴产业的引导，推动高科技产业规模化、集群化发展，打造高科技产业的区域战略高地。

第三，强化政府的规划、引导和协调，推动科技创新实现原创性突破。区域科技创新以及推动经济发展方式转变，需要充分重视政府的规划、引导、组织和协调作用，充分发挥产业技术创新的基础性、支撑性作用，大力推动具有前瞻性、战略性的技术突破或创新。同时，区域科技创新要充分结合市场需求情况和产业发展实际，准确把握和确定科技创新的重点，慎重选择突破的方向与路径。注重基于产学研结合的协同创新发展，切实提高技术的引进消化吸收和再创新能力。在区域发展中因地制宜地实行分类指导，依据区位优势实施错位创新发展战略。

第四，大力加强科技人才队伍建设，优化人才创新创业环境。科技创新，人才是根本。科技创新往往是引入了新的生产要素或对生产要素进行了新的组合，具体表现为新技术的发明与应用。科技人才是科技创新的重要主导者和实际参与者，区域创新能力往往体现在区域创新环境对科技创新人才的吸引和接纳能力，以及本土培养创新人才的教育能力。因此，提高区域科技创新水平，需要进一步营造尊重知识、尊重人才、鼓励创新创业的社会氛围，打造一流的科技创新舞台。

第五，进一步优化科技创新环境，完善科技创新制度设计和文化建设。推动区域科技创新，关键在于培育创新创业的土壤和营造积极创新的社会氛围。加强制度建设，优化创新环境，充分发挥政策引导、市场需求、平台统筹的有利功能；同时，大力破除制度障碍，为区域科技创新营造积极的市场氛围，最大限度地发挥市场配置资源的基础性作用。此外，应积极打造良好的区域科技创新氛围，塑造大众创业、万众创新的价值观，营造崇尚创新、宽容失败的创新文化，使创新内化为科技创新人才的价值观。

三、城乡视角：科技创新与经济发展方式转变

以科技创新为导向，推动农业现代化建设，提升农村劳动者素质，加快新

农村建设；进一步统筹城乡发展，优化升级城乡产业结构，促进城乡平衡协调和可持续发展；提高城市第三产业发展水平，优化生产力空间布局，推动经济结构转型升级；充分发挥科技创新的重要支撑作用，加快城乡经济结构调整步伐，推动经济发展方式转变。

（一）以科技创新，引导社会主义新农村建设

科技创新对社会主义新农村建设至关重要。科技创新能够极大地推动农业生产的发展，科技创新通过催生新的生产方式和技术手段，提高农业生产效率和产出能力，进一步优化农业产业结构，实现农村生产力的大幅度提升。同时，科技创新为农业生产和社会主义新农村建设提供了更加广阔的作用空间，进一步丰富了新农村建设的具体内涵，增强了社会主义新农村建设的驱动力，最终促进经济发展方式的转变。科技创新是进一步提高和带动农村生产力，实现传统农业向现代农业转变的强大推动力。建设社会主义新农村，要求以更高水平和更适宜的科学技术，以及多样化和综合化的科技服务为支撑，最终形成产业发展的新格局，实现生活质量的新改善，呈现乡风文化的新风尚，发展人居环境的新改观，达到农民素质的新提高。

要进一步加大对现有转移人口的职业技能培训，特别是要大力培养新一代农业生产应用型人才和技术型人才，打造一支素质高、技能强、信息化运用广的新型农民队伍。进一步加强科技成果的转化，通过“田间地头”的示范引领，引领农民的自发种养行动和对新科技的应用水平。依靠科技进步与创新推动农业产业化发展，加快培育辐射范围广、有区域影响力和竞争优势的龙头农业企业，大力提高农业生产的组织化程度。提高农业发展的专利意识，积极通过涉农专利、植物新品种、农产品地理标志等手段实施“商标富农”，提升农产品层次，确保种业和农业的核心竞争力，从源头上保证粮食安全。加快农业结构调整，积极发展绿色、生态、环保、优质、高产的现代农业产业，加快配置农民持续增收的增收点和增长机制，致力于提高农村生产力。

（二）以科技创新，加速城乡产业结构的优化升级

科技创新是改变生产力构成要素，加速城乡产业结构优化升级，进而转变

经济发展方式的直接动力。要以提高技术进步的贡献率为目标，通过农业产业化着力解决农民和农村问题，借助农村现代化的发展解决农民增收和农业增产等问题。要依据产业发展演进规律和统筹城乡发展的要求，进一步梳理城乡经济中三次产业间的关系和内在联系，逐步提高三次产业间的关联度和合理性，根据市场发展需求，科学确定三次产业结构的比例关系，形成三次产业之间相互促进和共同发展的优良局面。

要按照分类指导原则合理调整生产力布局，因地制宜地发展城乡工业，集聚创新资源，整合园区资源，形成区域内及区域间的错位发展。要以更加开放的姿态参与到全国甚至全球的分工体系中，通过招商引资借智、借力和借物，将本地资源与外部资源融合起来，形成协调发展的新格局。要依托区位定位和城乡发展功能定位，结合本地资源禀赋走特色发展之路。特别是要抓住特色小镇发展的机遇，提高科技创新在工业立镇中的地位。发达小镇应充分地利用好先期发展优势，引导生产要素和创新资源向占据比较优势的领域汇集，进一步提高自身的核心竞争力。发展基础相对落后的小镇应充分利用好自身的后发优势，充分借助自身在自然资源等方面的优势，要抓住发展机遇，依托自身特色，努力培育和打造新的经济增长极，不断夯实发展基础和后劲，争取实现“弯道超车”。

（三）以科技创新，提高城市第三产业发展水平

现代第三产业的创新发展主要包括科技服务业促进、科技金融创新、文化科技融合、现代服务业重构等任务。要进一步破除制约服务业发展的制度约束，实施开放的服务业发展政策，不断提高服务业的管理水平创新。积极推动研究开发、技术转移、创业孵化、科技金融、设计服务、科技文化融合等服务业态的发展，培育新技术、新业态、新市场，为经济持续发展和经济转型升级提供更大支撑。

构建技术服务创新联盟，以产业关键共性技术研发、技术标准创制、公共技术服务平台建设为主要内容，打通技术边界、行业界限，提升现代服务业创新水平。加快众创空间发展，通过营造良好的产业环境，释放创新主体活力，服务实体经济转型升级。

要加快创新服务业体制发展，进一步放宽市场准入门槛，引入竞争机制和淘汰机制，鼓励各种形式的服务业改革举措，不断提高服务业行业效率。针对国有企业或集体企业的服务业发展，要进一步减少行政干预，推动服务面向市场化，推动公平竞争和可持续发展。

（四）以科技创新为导向，大力发展城镇经济

小城镇建设是农村城镇化、农业产业化和农民增收致富的重要发展方式，以及工业化的载体和民营化的平台。在新的经济发展阶段，以创新型城市、高新技术产业园区等为载体，最大限度地推动科技创新成果在城镇化建设中的运用，推进城乡产业发展，促进人流、物流、资金流、信息流等向城镇集中，实现经济的集约化发展，以及可持续的新型城镇化建设成为当前重要的趋势。相关政府主管部门要按照社会经济发展趋势进行科学研判，选取具有区位优势、交通优势、资源优势、规模优势的小镇进行重点布局和大力发展，进一步增强小城镇的容纳能力和发展水平。

加强体制、政策、经济、社会等各方面的协调和配合，在借鉴国际经验的基础上，加强系统部署，切实增强科技创新对新型城镇化的引领作用，推动特色科技小镇的建设。在城市规划建设中，要加强城镇化总体规划、土地利用规划、产业发展规划与科技规划的有机衔接。以智慧城镇建设为目标，大力发展城镇互联网和物联网建设，推进人工智能、智能交通、智能工厂等先进基础设施领域的研发和建设。要以市场需求和民生发展为导向，积极推进疾病预防、人口健康、防灾减灾、公共安全等领域的科技创新。

第十章　基于创新推动的产业体系现代性特征和现代产业体系的架构与发展

科技创新之于产业发展的结果最重要体现在产业发展的现代性上，结构视野下的经济发展方式转变之于产业发展的结果最重要体现在产业体系的变化上。因而，探索产业体系的现代性特征及现代产业体系的架构与发展是我们探讨科技创新支撑经济发展方式转变问题的应有之义。

发展现代产业体系是党的十七大以来我国党和政府针对加快转变经济发展方式，推动产业结构优化升级部署的一项重要战略任务。该主题已成为近年学术界探讨的热点问题，决策层也在若干重大场合对之发表了重要讲话，一些地方政府（如广东、河北）还出台了相关文件。已有研究成果多集中在现代产业体系的发展意义、内涵与特征、发展内容与基本要求、推进方式等方面，而着力于产业体系现代性特征的专门探讨，并将之融入产业结构架构的研究较少。尽管对发展现代产业体系的对策探讨在整体框架、推进的关键着力点、需要注意问题方面的研究成果十分丰富，但从平衡、协调与可持续发展的角度提出相应对策，以更好地体现“以科学发展观”为指导，实现“又好又快”发展，建设“创新型国家”，“转变经济发展方式取得重大进展，在发展平衡性、协调性、可持续性明显增强”要求的研究非常薄弱。

从产业经济学的语境理解现代产业体系，它是对产业体系概念的进一步延伸，重在突出产业体系的“现代性特征”。因而，我们在已有研究、探讨与实践经验的基础上，选择把握产业体系的“现代性”视角，研讨在“现代”语境下的现代产业类型及体系结构，提出保持现代产业体系平衡、协调与可持续发展的对策，为学术界与决策层更深入地理解现代产业体系及其结构、思考推进现代产业体系的发展提供一个新视角和新思路。

一、产业体系的“现代性”特征

理解产业体系“现代性”特征的目的是把握产业的最新发展动态，适应发展环境的新变化，将产业发展的各种现代性要素与发展要求融合到现代产业体系架构中，以寻求推动现代产业体系平衡、协调与可持续发展的思路与政策。21 世纪以来，我国在改革开放的实践历程中，对于产业发展不仅在内容上作出了“走新型工业化道路”“培育和发展战略性新兴产业”等一系列新决策；在发展思路上也提出了“以科学发展观”为指导，实现“又好又快”发展，建设“创新型国家”“转变经济发展方式取得重大进展，在发展平衡性、协调性、可持续性明显增强”等新要求。并且，在一系列重大会议和场合，我国最高决策层对于发展现代产业体系提出了一系列新表述。如在发展内容上提出：“发展现代产业体系，大力推进信息化与工业化融合，促进工业由大变强，振兴装备制造业，淘汰落后生产能力；提升高新技术产业，发展信息、生物、新材料、航空航天、海洋等产业；发展现代服务业，提高服务业比重和水平；加强基础产业基础设施建设，加快发展现代能源产业和综合运输体系。”① 在发展方式上指出：“要牢牢把握科学发展这个主题，紧紧围绕转变经济发展方式这条主线，遵循工业化客观规律，适应市场需求变化，根据科技进步新趋势，积极发展结构优化、技术先进、清洁安全、附加值高、吸纳就业能力强的现代产业体系。”② 在总体把握上强调：实体经济是现代产业体系成长的沃土，结构优化是现代产业体系的根本特征，创新是现代产业体系的力量，绿色低碳是现代产业体系的基本要求，吸纳就业能力强是我国现代产业体系的鲜明特

① 胡锦涛．高举中国特色社会主义伟大旗帜　为夺取全面建设小康社会的新胜利而奋斗［S］//十七大报告辅导读本［M］．北京：人民出版社，2007.

② 胡锦涛．着力推进现代产业体系建设［EB/OL］．［2012-05-30］．http：//www.ce.cn/macro/more/201205/30/t20120530_23364018.shtml.

色[①]。这些新决策、新要求和新表述，为我们深化理解产业体系的“现代性”特征奠定了良好的基础。依据对上述理解，借鉴学术界相关研究成果，结合对产业发展演进和产业结构调整升级内在规律的认识，我们将需重点把握的产业体系“现代性”特征归纳如下：

第一，更加注意产业联动发展。一是通过产业链的进一步延伸做大做强产业集群，使之成为地方经济增长极，成为构建现代制造业体系的主要手段。二是产业间融合发展与战略性投资态势越来越明显。信息产业对传统产业的提升、金融产业对实体产业的渗透、现代与生产性服务业对实体产业的支撑、现代农业对现代制造业的支持、互联网与金融业的对接，成为产业间联动发展的重要新特征。

第二，更加关注产城互动。城市化滞后于工业化是我国过去经济发展的一个重要不足。21 世纪以来，随着城市化与工业化一起成为中国经济发展的双引擎，促进产城互动，优化生产力空间布局，成为发展现代产业体系的重要新特点之一。实现产城互动，一是要通过工业入园形成产业区，使产业链与产业区发展相互协调，达到优化资源配置、高效共享生产要素资源、有效降低生产成本等目的。二是在根据城市空间规划和产业发展规律科学布局不同类型产业区，既满足产业集聚、提高工业集中度的需要，又能通过优化城市生产力空间布局节约土地利用率，提高城市经济密度。三是通过不同城市之间产业区的差异化发展，避免低水平重复建设，增强各城市之间产业转移的承接效率，促进与各城市区位和要素禀赋相适应的特色产业发展。四是通过进一步优化工业区、居住区、商贸区等，协调产业发展、城市发展和人口转移。

第三，更加注重战略性新兴产业的培育与发展。战略性新兴产业是我国自 2009 年以来为应对国际金融危机，抢占新一轮经济和科技发展制高点，实现可持续发展，推进产业结构升级、加快经济发展方式转变，构建国际竞争新优势、掌握发展主动权，促进我国由工业大国向现代工业强国迈进从国家层面新提出的重大决策。产业的“新兴”和“战略”特征，决定战略性新兴产业的选择标准不仅要注意符合走新型工业化道路的五点要求、符合产业未来发展趋

① 苗圩．构建现代产业体系的三点思考［J］．中国发展观察，2013（5）：29-30.

势，更要注重所培育与发展的产业对经济社会全局和长远发展的重大引领带动作用。决策层根据战略性新兴产业的特征，立足我国国情、科技、产业基础，将现阶段我国重点培育和发展的战略性新兴产业定位于节能环保、新一代信息技术、生物、高端装备制造、新能源、新材料、新能源汽车七大产业①。对于这些产业发展规律、发展要求、发展方式的探索，就构成了研究产业体系"现代性"特征的当然内容。

第四，更加注重科技创新、合作开放与产业化融合发展。创新与开放已成为新时期构建现代产业体系的新动力。随着经济发展方式从要素投入驱动转向创新驱动，进一步加强科技创新能力为现代产业体系持续提供动力以摆脱产业发展对资源投入强度的高度依赖，已成为供给约束时代发展现代产业体系的重要内容。鉴于产业发展的网络化趋势越来越突出，产品生命周期与技术更新周期不断缩短的态势越来越明显，产业发展的要素流动性越来越频繁，为发展现代产业体系所需要的思维、技术、资源等准备，需要在更大范围内融合与互相促进，以开放、合作、共赢的手段促发展也构成产业体系现代性特征的重要组成部分。

第五，更加强调产业发展的绿色低碳和民生导向。当前我国主要行业基本进入供过于求的阶段，产能过剩问题突出，经济发展的约束条件越来越严格，经济发展的外部不确定因素明显增多。在这种背景下，摆脱产业发展的"瓶颈"，调整与优化产业结构，寻求产业可持续发展就不能走传统重工业化的老路，必须寻求产业文明与生态文明的平衡，协调改进产品、调整结构、缓解过剩产能与增加就业、扩大内需，促进消费、投资和外贸的协调拉动。因而，在绿色低碳和民生导向上寻找发展的突破口是构建现代产业体系中既符合世界经济环境，也符合中国国情的重要现代性特征。

二、现代产业的类型划分与体系架构

产业体系概念的提出，是为了使产业经济学家将注意力更多地转向"整

① 国务院关于加快培育和发展战略性新兴产业的决定［EB/OL］．［2010-10-19］．http：//wenku. baidu. com/link?url.

体性”观念①。产业经济学通常依据企业—产业—产业结构—产业体系的逻辑关系引出产业体系的概念，因而更好理解产业体系的前提是划分好产业类型及由此构架产业结构。产业类型划分与体系架构是产业经济学一直以来的重要组成部分，无论是教科书、研究专著，还是已发表的一些研究论文均对此作了详尽探讨。但是，现代产业的类型划分有许多标准，不同类型划分构成不同的现代产业结构。我们的目的是在已有研究成果的基础上，将国家发展现代产业体系政策中一些新提法和新要求融合到产业的类型划分与体系架构中，以便更好地体现产业类型与结构的“现代性”特征。

现代产业体系是在全球化和信息化的背景下，依据新时期科学发展战略的总体要求和我国国情提出的②，其主要任务是构建现代制造业体系、促进三次产业协同发展。构建现代制造业体系主要是通过促进各产业群发展壮大和优化升级，推动产业区平衡、协调与可持续发展，解决我国产业发展所需资源短缺、环境压力大、产品科技含量不高、产能过剩、后劲不足等突出问题。促进三次产业协同发展旨在系统解决好农业基础薄弱、工业大而不强、现代服务业发展滞后以及三大产业比例不合理的问题，通过使农业由弱变壮、工业由大变强、服务业由慢变快彻底摆脱经济增长主要由第二产业带动的局面③。基于上述语境分析，在一系列产业类型划分标准中，采用战略关联产业分类法来划分现代产业的类型并架构与之相适应的体系结构更符合我们的研究目标。据此，可将现代产业体系划分为先驱产业、基础产业、瓶颈产业、主导或支柱产业、支持产业这几种产业类型。它们之间的关系如图 10-1 所示。

图 10-1 主要是以主导或支柱产业为中心，围绕对其发挥作用的不同功能形成现代产业体系框架。其中，先驱产业对一个国家或地区的中长期发展具有战略性作用，具有对国民经济的未来走向影响深远，发展潜力较大，技术联动功能强的特征④。依据技术进步基准、市场潜力基准、经济效益基准、产业关

① 伯纳德特·安德鲁索，戴维·雅务布森．产业经济学与组织——一个欧洲的视角［M］．王立平，尹莉等译．北京：经济科学出版社，2009.

② 周权雄．现代产业体系构建的背景条件与动力机制［J］．科技进步与对策，2010，27（2）：49-52.

③ 马凯．加快转变经济发展方式是关系国民经济全局紧迫而重大的战略任务［A］//十七大报告辅导读本［M］．北京：人民出版社，2007.

④ 李响．全面建设小康社会时期我国先导产业政策研究［D］．哈尔滨工程大学博士学位论文，2005.

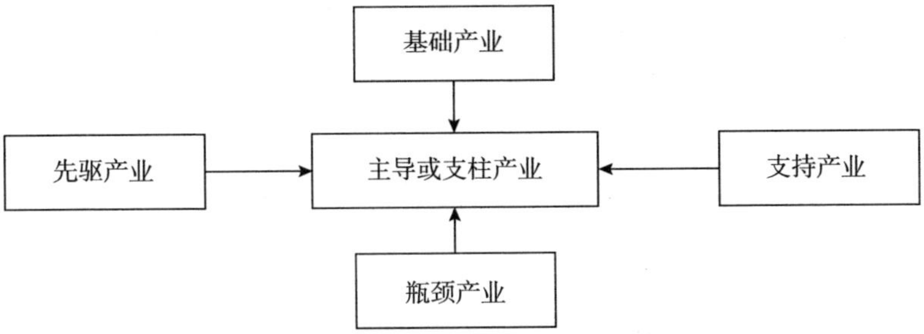

图 10-1 产业类型与现代产业体系框架

联基准和比较优势基准判断，先驱产业最重要的两个板块是战略性新兴产业和高新技术产业。现代语境下的主导或支柱产业主要包括现代制造业与现代服务业两大板块，无论是其产值比重还是就业比重，均在国民经济中占有绝对优势。基础产业是实现产业结构高级化的必要条件，主要包括现代农业与元器件产业、交通运输类产业等。瓶颈产业是制约当前工业发展的重要约束力量，主要包括能源、环保、材料、动力类产业，以及重大科学研究与技术服务产业等。支持性产业是提高优势与支柱产业生产技术水平、提升其管理水平、改进产品生产质量的重要保障，主要包括生产性服务业、装备制造业等。

掌握上述现代产业体系框架需关注两个关键点：一是以主导或支柱产业的上档提质为核心，充分发挥产业间的集聚与扩散效应，形成一个主导或支柱产业带动其他产业发展，以其他产业为主导或支柱产业提供支持和保障的体系。如在进一步发挥主导或支柱产业增长极作用的同时，通过基础产业的发展改善主导或支柱产业生产的区位条件，降低运输成本，开拓原材料来源和产品市场等；通过瓶颈产业的发展解决主导或支柱产业面临的重大制约性问题，为其发展扫清障碍；通过支持性产业的发展为主导或支柱产业提供技术、装备、设计支撑。二是以适应经济发展阶段的需要实现主导或支柱产业的更替为核心，促进经济结构调整与升级，实现现代产业体系的可持续发展。其中，最重要的内容是如何将具有较大发展潜力、包含更高科技水平、对未来发展和产业竞争具有重大战略意义的先驱产业转化为主导或支柱产业，以谋求占领未来发展的制高点。

虽然上述产业类型划分、各产业类型的相互依赖与现代产业体系框架在学术界与决策层较易被理解。然而，由于经济发展及产业演进的动态性，具体的行业大类在上述产业类型下的归属问题，不同机构、决策部门和学者在不同时期均给出了自己的标准和结论。同时，上述产业类型的概念本身也有极强的相对性意义，其内涵随时间推移也会发生变化，如对高新技术产业的理解。一些具体行业，如能源产业到底归属到支柱产业还是瓶颈产业，说法也不统一。截至目前，对上述产业类型到底包括哪些具体行业大类，基于理解不一致，各地产业发展实情不一样，尚未在全国形成统一的统计分类体系。这在一定程度上给指导实际工作和进行绩效评价造成较大困难。以战略性新兴产业的统计分类为例，决策层已由国家工信部发布了《战略性新兴产业分类目录》，国家统计局制定了《战略性新兴产业分类》，国家发改委编制了《战略性新兴产业重点产品和服务指导目录》。学术界也有自己的理解，如将《国民经济行业分类》中的20个行业大类整合到战略性新兴产业发展绩效评估指标体系中①。

因此，在上述现代产业体系类型和框架的基础上，一项虽然困难但却极富创新意义的工作是，如何依据国家统计局发布的《国民经济行业分类》（GB/T 4754—2011），结合对产业体系现代性特征的分析和我国对产业发展的一些新提法，将我国20个门类，96个行业大类经济中所涉及的一些关键性行业分别整合到上述产业类型中，构建一个在理论上更富有“现代性”特征、在实践上可以统计分类的现代产业结构②。

三、促进现代产业体系的平衡、协调与可持续发展

经过改革开放40多年的高速发展，我国已经建成比较完备的工业体系，基本进入工业化中期发展阶段，成为世界第二经济大国。在全面建成小康社会的关键时期，我国发展现代产业体系面临的主要矛盾已经转向提高经济增长的质量与效益，摆脱经济发展“瓶颈”，实现由经济大国向经济强国转变。在这

① 吕岩威，孙慧．中国战略性新兴产业统计分类与发展绩效跟踪［J］．开发研究，2013（2）：30-34.

② 对各产业类型所涉及行业统计分类的进一步深入、具体的研究已超出本书的研究重点，笔者将在以后展开深入研究，在此不作详细阐述。

个发展的新阶段，我国经济发展的战略重点已由“赶超型”发展转向“稳定型”发展，发展的要求从“又快又好”转向“又好又快”，发展的方式从不平衡转向平衡。与此相适应，对发展现代产业体系对策的探索，需要从过去主要关注如何培育完善主导产业集群、建立增长极引领经济的发展转移到更加重视推动现代产业的平衡、协调与可持续发展。作为一个体系的现代产业，需要平衡、协调的因素很多。我们重点从产业发展类型、发展动力、产出成果体现方式、生产力空间布局、推进方式角度探索如何促进现代产业体系的平衡、协调与可持续发展。

（一）在产业发展类型上，更加重视平衡好主导或支柱产业与战略性新兴产业的发展

实现经济全面、协调与可持续发展的关键是主导产业集群的能力提升与适时更替。平衡好主导或支柱产业与战略性新兴产业发展的目的是确保地方主导产业集群的平稳过渡，熨平因产业周期性调整或结构升级造成的经济波动，保持经济的平稳、可持续增长。我国目前进入工业化中期发展阶段，各地经济发展的主导或支柱产业基本以钢铁、汽车、装备制造为主。产业发展在支撑目前经济发展的同时，也面临严重的问题、存在一些隐忧。如钢铁业的严重过剩，汽车和装备制造业的关键性技术水平不高、自主创新能力不强、品牌产品数量偏少等问题。如果不能随着经济发展阶段的变化提前布局、及时实现主导或支柱产业的更替，在新一轮的经济竞争中就将处于劣势。为此，发展战略性新兴产业对于实现经济平稳、持续、协调发展的作用显得特别重要。战略性新兴产业的主要任务有两项：一是通过做大做强其中的一部分产业，如新一代信息技术、生物技术，使之成为未来支撑一国经济发展的主导或支柱产业。二是重视战略性新兴产业发展对现有主导或支柱产业发展的推进功能，促进产业结构的平稳调整与升级。依据战略性新兴产业本身的特点及其战略性与主导或支柱产业的对接方式，战略性新兴产业可通过四条途径促进现有主导或支柱产业发展的调整与升级。第一条途径是依托战略性新兴产业的发展进一步夯实主导或支柱产业的制造能力，如高端装备制造产业的培育。第二条途径是通过提升科技含量为主导或支柱产业寻找可替代性资源或能源，以更好地突破产业发展面临

的资源与动力瓶颈，如新能源、新材料产业的发展。第三条途径是通过战略性新兴产业的发展改进主导或支柱产业的生产过程、拓展产品功能，使之更能符合走“新型工业化”道路的要求，如节能环保、新能源汽车的发展。第四条途径是依托战略性新兴产业的发展改进主导或支柱产业的制造能力与管理水平，如以新一代信息技术的发展来提升传统主导或支柱产业的生产与管理信息化水平。

（二）在发展动力上，更加注重科技创新与产业化融合和现代产业体系的平衡、协调与可持续发展

产业结构的调整是转变经济发展方式的重要内容；科技创新是转变经济发展方式的重要途径。科技创新的主要形式及其转化为现实生产力的关键途径在不同的产业类型中表现不一样。针对不同的产业类型，重点采取与之相适应的科技创新方式，既是平衡、协调和可持续推进转变经济发展方式取得明显新进展的要求，也是促进现代产业体系平衡、协调与可持续发展的重要内容。从产业与科技融合发展的方式看，可大致将产业分为“以科学为基础的技术”引领的产业和“以技术为基础的科学”引领的产业。前者，应以高新技术产业为主，代表性产业如信息通信产业、新能源与新材料产业等。这些产业的科技创新主要采取原始创新、先导与攻关技术研发的形式，产品科技含量高，采用技术手段新。它们引领产业发展的方式主要是以创新成果转化为重要途径，直接催生新产业的诞生。后者，主要是包括传统优势与支柱产业在内的，产品、技术与工艺相对成熟的产业，代表性的产业如机电产业、装备制造业、能源产业（如石油与煤炭）、动力产业（如电力）和材料产业（如钢铁与水泥）等。这类产业大多数是现阶段经济发展的主导与支柱产业，构成一国或地区的经济支柱。其科技创新的主要类型是基于用户需求或降低成本采取的集成创新和引进消化的再创新。它们引领产业发展的主要方式是通过改进产品、工艺或流程促进现有产业的升级改造，以延长产品的生命周期、提升生产技术水平、提升产业竞争力。当我们以更广义角度思考以科技创新促进现代产业体系的发展，还包括为上述两类产业发展提供重要支持和服务的生产。前者主要是基础性产业，如元器件通用产业；后者主要包括生产性服务业和现代服务业。以自主创

新为主体提升元器件生产技术水平，是实现从粗放生产方式向集约生产方式转变的根基。生产性服务业和现代服务业主要是通过进一步整合产业链或促进“管理模式的创新”引领对现代制造业体系改造与升级，如以信息化带动工业化，促进金融业与实体产业的融合发展。

（三）在产出成果的体现上，更加重视平衡好现有产品制造能力、新产品开发能力、品牌创建能力

当我国建立完整的工业体系、步入工业大国后，工业经济长期面临的主要矛盾转向如何在相对过剩经济条件下提升产品竞争力的问题。随着市场需求结构的升级、产品竞争不断加剧、产品更新周期不断缩短，产品竞争已成为当代中国检验现代产业体系运行成效的重要标准。确保产品具有持续的竞争优势，奠定企业的百年基业，促进企业可持续发展，需要更加重视平衡好现有产品制造能力、新产品开发能力和品牌创建能力。

首先，企业需要基于用户需求、技术发展和生产单位协同发展要求，以节约成本、优化资源配置、改进生产效率、提升产品的科技含量为中心，不断改善现有产品生产的技术、工艺、设备，拓展产品的功能，延伸产品的生命周期来提高现有产品制造能力。

其次，企业还需要通过加大研发投入、创建产品开发平台、凝聚创新要素、组织重大技术攻关，不断开发与市场发展新需求相符合的新产品，确保企业在不同的发展时期均有支撑企业发展的拳头产品以应对产品不断升级换代的新要求。

最后，企业需高度重视品牌创建能力，通过一系列“高新技术产品”“名牌产品”的培育提升产品的附加值、拓展市场空间，为工业由大变强奠定坚实的基础。

（四）在生产力空间布局上，更加重视产业群与产业区的平衡发展

新时期产业竞争的核心是产业集群的竞争，通过培育产业区凝聚产业集群是现代产业布局的新特点。只有将产业群与产业区的发展相平衡，才能既凸显现代产业发展的规模优势，又能有效融合和集约利用现代产业发展所需资源。

产业群与产业区的平衡发展重点要抓好以下工作：

一是在同一产业区内依托本地条件和积累优势确立主导产业集群和本地特色产业。产业集群的培育和打造要以产业链延伸为主要方式，以加工配套、产地融合、产销整合为重点，使之成为地区经济发展的支柱，避免因劳动力成本优势逐步消失后可能导致产业整体转移的风险。

二是以功能区的优化为重点，在一个较大经济区域内协调布局各种类型和不同层次的产业区与产业群。通过在一个较大区域内明确不同产业区的功能定位，形成差异化空间布局，促进高新技术开发区、国家级产业园区和各地特色产业园区的协同发展，避免产业的低水平重复竞争，使之能充分利用地方资源，有效扩大就业，更好地支持城镇化的发展。

三是以完善基础条件、改进办事流程、加大扶持政策、优化配套条件、增强服务能力为重点提升产业区的产业承接能力，使之能抓住国际产业转移的机遇，通过招商引资为本地经济发展寻找新增长点。

四是充分利用新型镇化发展的机遇，协调产业区与城镇其他功能区的发展，充分利用城市在集聚资源、拓展市场、改善生产环境与条件、便利服务等方面的功能增强产业发展的支撑力。特别是要通过“以工兴镇”与“以贸兴镇”“以农兴镇”协同推进增强小城镇可持续发展能力及在产业发展、吸纳就业、改善民生方面的竞争力。

(五) 在推进方式上，更加重视促进“示范提升工程”和“结构优化工程”的良性互动

更好地发挥产业对经济发展的支撑作用、促进现代产业体系全面、协调与可持续发展，不仅要着力当前继续做大做强现有的优势与支柱产业，发挥好它们对其他产业的带动作用，更好地支撑地方经济发展；还要着眼未来通过结构调整与升级，促进经济发展方式转变，更好地保持产业持续增长。为此，需要平衡好“示范提升工程”和“结构优化工程”两大建设。“示范提升工程”要围绕汽车摩托车产业、装备制造业、资源加工业、高新技术产业等传统主导与支柱产业，以提高技术水平、改进生产流程、提升产品质量、节约利用资源、降低生产与物流成本为重点，以融合资源、做大做强为目标，通过实施

“大企业、大集团”发展战略，促进它们上档升级，继续发挥对地方经济的支撑和对其他产业的带动与引领作用。“结构优化工程”要着力于振兴装备制造业、淘汰落后产业、做大做强主导产业、提升高新技术产业、培育战略性新兴产业、发展现代服务业、加强基础产业基础设施建设、加快发展现代能源产业和综合运输体系，通过大力推进信息化与工业化融合、实体产业与虚拟产业融合、金融产业与工业产业的融合、加工产业与现代服务业的融合优化生产力的产业布局和空间布局。为使上述工作得以顺利推进，国家需加强产业发展的统一规划、分年度编制产业推进重大项目指南，以确保稳步、有序、适时、适度地动态优化产业结构及相应的产业体系。

第十一章　转变经济发展方式的科技创新支撑的评价指标体系设计与绩效评价

一、宏观视野：转变经济发展方式的科技创新支撑的评价指标体系设计

国内关于科技创新和转变经济发展方式指标体系的研究众多，但从科技与经济融合的角度探讨科技创新加快转变经济发展方式支撑机制的逻辑思考较少，对此工作的评价少而又少。我们只能根据前述科技创新对加快转变经济发展方式的支撑逻辑路径进行研究的基础上，设计一套相对有效和科学的评价指标体系。

（一）评价指标的选择原则

指标体系设计是否科学、合理，有较强适用性，直接影响着评价效果及其后续的运用能力。设计指标体系需首先明确指标选取的原则。我们主要本着系统性、简洁性和敏感性、可获取性、连续性和可比性的原则对指标进行选取和设计。

1. 系统性

科技创新支撑经济发展方式转变是一个涉及因素众多，彼此联系复杂并随时间和环境呈现不同动态演进的系统工程。评价指标的选择不仅要尽可能地从

不同侧面反映该系统过程的全貌，又要注意所选指标间有一定的逻辑关系，防止各指标间信息的重复和杂乱无章的罗列。

2. 简洁性和敏感性

所选指标应该能准确、可靠和简洁地描述评估对象及实现评估目的。在涉及众多的因素中，应尽可能地删除涉及内容重合度高或者彼此相关度极高的指标，在同一内容上保留敏感性最大的指标作为首选指标而构成指标体系。

3. 可获取性

在构建指标体系时，为保证评价指标体系的可操作性，应尽量选取通过数据库查询或实际调研可获得相关数据的指标，且这些指标一经提出就具有较高程度的公允性。

4. 连续性

设计评价指标体系时，所选取的指标要注意能按时间周期获得连续数据，以确保指标动态可比进而能反映该指标的动态变化趋势。在条件允许的情况下，尽量选择相对数形式来反映指标的动态变化趋势。

5. 可比性

所选指标应参照国际、国内有关标准，指标定义明确、符合规范。统计口径、计量范围与计算方法等既要符合我国国情，又要参照国际惯例，以便以后能与国际接轨。

（二）评价指标体系的构建及说明

依据评价体系的上述构建原则，借鉴国内外关于科技创新和转变经济发展方式评价的已有研究成果，结合研究报告提出的科技创新促进经济发展方式转变的支撑逻辑，采用鱼翅结构图的方法，利用层次分析方法构建科技创新促进经济发展方式转变支撑力的评价指标体系。从动态角度看，以科技创新支撑加快转变经济发展方式主要是增强科技创新能力，通过提高科技成果转化率和商业化运用传导到经济体系，促成经济发展方式转变的过程，因而指标体系的构建主要是采取已转化科技成果投入—经济效果产出体系。转变经济发展方式在成果上主要体现为生产效率提高和经济结构优化，因而经济效果产出指标主要选择与转变经济发展方式密切相关的生产效率和经济结构指标。

增强科技创新能力又分为增强科技资源基础条件支持，提高科技资源投入—产出水平两个环节。联结科技创新与转变经济发展方式的重要性中间环节是科技成果转换水平。基于上述分析，我们认为，系统的以科技创新夯实加快转变经济发展方式支撑力的评价体系可由科技创新能力指标体系、科技成果转化指标体系和科技创新促进经济发展方式转变指标体系构成。我们构建了一个包含5个一级指标、19个二级指标、76个三级指标的科技创新体系评价标准，如表11-1所示，以期对科技创新促进经济发展方式转变的支撑作出较全面、客观的评价。

表11-1　科技创新促进经济发展方式转变支撑力的评价指标体系

一级指标	二级指标	三级指标
科技创新支持要素	政策支持	国家级科技计划项目（项/年） 省级科技计划项目（项/年） 省级以上科技成果奖（项/年）
	机构支持	大中型工业企业中有科技机构的企业占全部企业的比重（%） 采用组织创新的中小企业占中小企业总数的比重（%） 开展内部创新的中小企业占中小企业总数的比重（%） 参与合作创新的中小企业占中小企业总数的比重（%）
	信息资源支持	百户固定电话和移动电话用户数（户） 百户家庭计算机拥有数（台） 万人国际互联网用户人数（人）
	教育资源支持	教育经费占GDP比重（%） 人均财政教育经费拨款（万元） 每万人拥有高等院校在校生人数（人） 人均拥有公共图书量（册） 人均受教育年限（年）
科技创新资源投入	人力资源投入	万人科技人员数（人） 科技活动人员中科学家和科技人员所占比重（%） 大中型工业企业中科技活动人员占从业人员比重（%） 研究与发展人员数（人） 研究与发展全时人员数（人/年）

续表

一级指标	二级指标	三级指标
科技创新资源投入	资金投入	科技经费投入占 GDP 比重（%） R&D 经费投入额占 GDP 的比重（%） 科技三项经费占财政支出的比例（%） 人均财政科普经费拨款（万元） 企业科技经费投入占主营业务收入的比重（%） 企业 R&D 经费占销售收入比重（%） 科技活动人均争取省级及以上科技项目经费（万元） 风险投资占成果转化资金的比重（%） 科技贷款占银行贷款余额的比例（%）
	设备投入	研究与开发机构科技活动经费内部支出中仪器购置费所占比重（%） 科技活动经费内部支出总额中固定资产购建费所占比重（%）
科技创新产出	科技成果产出	万名 R&D 科学家和工程师国家级科技成果获奖（项） 研究与开发机构万名科学家和工程师科技课题数（项） 万名就业人员发明专利授权量（件） 万名科技人员国内外公开发表科技论文数（篇） 万名科技人员国内外公开版权著作数（本） 高技术产业自主知识产权拥有率（%）
	科技产品产出国	国家、省名牌产品数（项） 国家、省知名商标数（项）
科技成果转化	技术成果市场化	万名就业人员技术市场成交合同数（项） 万名就业人员技术市场成交合同额（万元） 专利出售转让数（项/年）
	科技服务项目	科技服务项目数（项） 科技服务项目拨入经费（万元） 投入科技服务人员数（人）
	科技成果推广应用	科技成果推广应用项目数（项） 科技成果推广拨入经费（万元） 科技成果推广投入人员（人）
	科技成果转化服务平台	科技创业中心（孵化器）机构数量（个）

续表

一级指标	二级指标	三级指标
经济发展方式转变	生产率	农业劳动生产率（元/人） 工业劳动生产率（元/人） 综合能耗产出率（元/千克标准煤） 全要素生产率（%）
	农业现代化	无公害农产品产值比重（%） 人均农业机械化设备总动力（千瓦） 设施农业面积比重（%） 种养业良种覆盖率（%） 农业科技投入占农业总产值的比重（%）
	工业经济转型	新产品销售收入（万元） 新产品销售收入占产品销售收入比重（%） 高新技术产业产值占工业总产值比重（%） 高新技术产业利税占工业利税总额比重（%） 高技术产品进出口额占全国总进出口额的比重（%） 高技术产业新产品销售收入占销售收入比重（%）
	环境治理	二氧化硫排放达标率（%） 工业废水排放达标率（%） 化学需氧量排放达标率（%） 固体废弃物综合利用率（%）
	节能指标	单位 GDP 综合能耗（吨标准煤/万元） 单位工业增加值水耗（吨/万元） 单位建设用地产出率（亿元/平方千米）
	减排指标	二氧化硫排放量（吨） COD 排放量（吨） 可吸入颗粒物年日均值（毫克/立方米） 二氧化氮年日均值（毫克/立方米） 单位 GDP 二氧化碳排放量（吨/万元）

由科技创新能力指标体系、科技成果转化指标体系和科技创新促进经济发展方式转变指标体系构成以科技创新夯实加快转变经济发展方式支撑力的评价体系，由于涉及动态性、时滞性和复杂的系统性等，并受到来自制度、文化和其他经济变量的干扰，会在很大程度上影响到评价结果的准确性。因而，该评

价指标体系只为我们提供了以科技创新夯实加快转变经济发展方式支撑力的基本评价分析框架。涉及具体变量的相关性分析时，我们还需补充一些方法，来分析各变量之间关联度的大小和验证实证分析结果的可靠性。

评价指标体系不同指标的量纲有所不同，为使它们在整个系统中具有可比性，在实践运用中可对各指标进行标准化处理。对于一个地域广阔、发展差异大的国家来说，不同经济主体应用该评价指标体系时为避免泛化的结论，也可赋予不同指标不同的考察权重以突出在某些方面的相对重要性。

（三）评价指标体系构建的进一步思考

构建科学的科技创新促进经济发展方式转变支撑力的评价指标体系，对于各级政府及其科技管理部门、各类经济主体制定科技创新政策，落实创新实践，促进经济发展方式转变具有十分重要的理论意义与现实意义。借助科技创新促进经济发展方式转变支撑力的评价指标体系，通过统计与监测各指标的变动情况，有助于及时发现问题，为科技政策研究与制定提供依据，提出有针对性的解决措施。

基于“投入—产出分析法”设计的科技创新促进经济发展方式转变支撑力的评价指标体系主要是一个静态呈现，对于过程指标和动态过程的反映还存在不足。部分反映和影响科技创新促进经济发展方式转变支撑力的指标也很难量化，如科技创新的政策因素、文化因素等。一些指标的核算方法也没有统一，因而较难形成国家层面的核算机制。

基于过程从多维层次设计的评价分析法，虽然从多个维度对科技创新促进经济发展方式转变支撑力进行系统性评价，但其各维度之间指标选择、权重配置和维度层次之间的相关性关系等在很大程度上取决于人们的主观判断和决策，较难达成共识。这些难点在很大程度上影响着评价实效，对其进一步改进是今后努力的方向。

随着时间的推移，科技创新与转变经济发展方式的内涵与重点也会有一些新的变化，科技创新促进经济发展方式转变支撑力的评价指标体系也要恰当反映这一动态变化，并把反映新特征、新变化的指标及时纳入进来。要增强科技创新促进经济发展方式转变支撑力的评价指标体系的应用能力，还需进一步夯实各项基础工作，如要加快科技创新能力、科技成果转化能力和转变经济发展方式评价的数据资料库的建设。

二、微观视野：科技创新支撑转变经济发展方式的绩效评价

（一）企业视角：科技创新支撑转变经济发展方式的绩效评价

1. 国内外企业绩效评价研究述评

从国外企业绩效研究的历史经验看，早期，经济处于相对短缺状态，且企业规模较小、技术简单、产品单一，因而重点在于扩大企业的供给能力。该时期对企业绩效的考核主要立足于成本视角，主要指标包括每码成本、每吨千米成本、每磅成本、销售毛利等统计指标。后来，随着经济逐步步入相对过剩时期，企业的经营能力在绩效考核中的相对地位提升，一些财务指标诸如投资报酬率、销售净值率、资产净利率、净值报酬率等纷纷被纳入评价指标体系，以考核企业的盈利能力和偿债能力。近年来，随着竞争激烈程度加剧，一些非财务指标，如顾客、内部营运过程、学习与创新等进一步地被纳入绩效考核体系。

我国企业绩效评价研究起步相对较晚，理论界分别从评价体系、指标选择和评价方法三方面展开了研究。在实践层面，政府自 20 世纪 90 年代以来先后通过《企业财务通则》《国有资本金效绩评价操作细则》《国有资本金效绩评价规则》《企业效绩评价操作细则（修订）》《中央企业综合绩效评价实施细则》等文件对企业绩效的评价指标进行了设定。

总的来看，随着时间的推移，学者从更广阔的视野选择评价指标，并倾向于用更加综合的方法考察企业绩效。但是，大多数已出台的相关绩效评价指标体系对科技创新的推动作用体现得不充分，未能充分体现出科技创新对转变经济发展方式的支撑效果。

2. 科技创新支撑转变经济发展方式的企业绩效评价体系构建

科技创新支撑转变经济发展方式的企业绩效评价体系在目标层次上需要更加突出科技创新的产出贡献，包括直接贡献与间接贡献。在指标的选择上尽量按客观、创新、激励、可操作和完整的原则选择与科技创新关联紧密的指标。

有鉴于此，我们将基于转变经济发展方式的科技创新支撑的企业绩效评价体系分别从定量与定性角度作如下设计：

（1）定量评价指标体系。定量评价指标主要涵盖科技创新、流程创新、产品（服务）创新、持续发展和财务效益五个方面。

第一，科技创新评价。科技创新评价指标由投入指标、产出指标和效率指标构成。其中，投入指标包括研发人员比例、资金投入比、新技术投入比、新设备投入比等；产出指标包括新产品产出比、新技术产出比、技改项目比例、专利件数、新设备产出率、科技成果转化率等；效率指标包括新技术转化时间、一定科技投入效益产出比等。

第二，流程创新评价。流程创新评价指标包括生产效率指标和过程质量指标。生产效率指标包括全员劳动生产率、生产能力利用率等；过程质量指标包括产品合格率、新工艺使用率和产品返修率等。

第三，产品（服务）创新评价。主要基于产品、客户、服务角度评价产品（服务）创新。产品创新指标包括新产品投产率、新产品产值率、新产品市场占有率等；客户关系评价指标包括客户保持率、新客户获得率、顾客忠诚率等；客户服务评价指标包括交货及时率、客户投诉率、产品维修率和服务成本降低率等。

第四，持续发展评价。持续发展主要从持续增长能力与环境资源利用方面进行评价。持续增长能力指标包括销售增长率、收益增长率、资本积累率、技术创新产出效益等；环境资源利用指标包括单位工业增加值能耗降低率、环保投入与工业产值比、万元产值能耗降低率和“三废”综合利用率等。

第五，财务效益评价。财务效益指标主要包括流动性指标、风险性指标、效率性指标和盈利性指标。流动性指标包括速动比率和现金流动负债比率；风险性指标包括流动现金占总资产比率和资产负债率；效率性指标包括应收账款周转率和总资产周转率；盈利性指标包括净资产收益率、净利率和总资产报酬率。

（2）定性评价指标体系。定性评价指标体系由科技管理创新指标、人力资源管理创新指标、文化管理创新指标、战略管理创新指标、财务管理创新指标和社会责任管理指标构成。其中，科技管理创新指标包括创新机构或部门设置、科技创新制度、激励机制等；人力资源管理创新指标有目标责任绩效管理、高端人才引进、人力资源培训等；文化管理创新指标有创新文化建设、品牌建设与管理、员工素质拓展等；战略管理创新指标包括战略目标定位、战略规划设计、战略决策执行度等；财务管理创新指标有财务制度建设、风险控制与预警机制、财务预算管理与执行等；社会责任管理指标包括社会责任信息披露和社会责任履行等。

3. 应注意的问题

为了使所构建的科技创新支撑转变经济发展方式的企业绩效评价体系在实践中能较好地得以贯彻落实，还应该注意处理好以下几方面的问题。

第一，构建企业绩效评价体系要注重所设计指标的可控性和可预见性。尽量排除无法控制的指标以避免影响评价结果的公允性。对诸如自然灾害、价格变动、政策调整等外部不可控因素对企业科技创新和发展方式转变的影响，应在绩效评价中剔除。

第二，对于能量化的评价指标尽量予以数量化处理；对于研究成果、企业形象及履行社会责任等难以量化指标，要借助于专家意见法或集体决策法尽可能进行客观分析和科学判断，并力所能及地对之进行标准化处理。

第三，企业绩效评价指标体系除了要考虑资产周转率、净资产收益率、资产负债率等财务指标外，还必须注重与科技创新联系紧密的一系列非财务指标，如产品质量、新产品投产率等的运用，以保证绩效评价的全面性和完整性。

第四，为了避免部门过度追求短期效益或者局部利益，把加快转变经济发展方式的要求贯穿在企业发展的全过程和各领域，绩效评价指标设计要注重时效，并注意指标本身的短期性与长期性相结合。

（二）高校视角：科技创新支撑转变经济发展方式的绩效评价

高校作为科技创新人才培养、科学研究和社会服务的重要载体，是提升创新能力、推进经济发展方式转变的重要依托。学术界对于高校科技创新能力绩效评价的探讨，多从科研绩效、团队建设绩效和科研平台建设绩效几个角度切入。基于这些角度设计出的绩效评价体系指标间多有重复或交叉。我们认为，高校作为一个创新主体，更多的是通过创新平台汇聚资源来产生一系列创新成果，并进而对转变经济发展方式发挥作用。因此，本章便着重从科技创新平台角度，着力于科技资源投入—产出的动态视角，去梳理与设计科技创新支撑转变经济发展方式的绩效评价指标体系。要确保绩效评价指标体系设计的科学性和考核效果对推进高校通过科技创新对转变经济发展方式起到较好的指导作用，必须以进一步完善高校科技创新绩效评价的技术方法为绩效评价指标体系设计提供保障。

1. 进一步完善高校科技创新绩效评价的技术方法

高校科技创新绩效评价的技术方法恰当与否直接关系着整个评估系统的成败。高校科技创新绩效评价的技术方法主要包括设计指标因素集、确定指标权数集、选择评价信息处理技术、解释与分析评价结果。

（1）设计指标因素集。设计指标因素集的主要目的是从众多影响科技创新支撑转变经济发展方式绩效的因素中剔除没有评估价值或价值不大的次要因素，保留具有较大评估价值的主要因素形成评价体系指标。这就要求在尽可能详尽罗列和科技创新绩效相关的各种评估指标因素的基础上，按照目标分解、层次划分和归类合并的方法从各个侧面和层次上筛选出影响力大、敏感性高、可获得的因素指标构成待选指标因素集，再运用主成分分析法等数理统计学方法，进一步剔除待选指标因素集中关联度高的部分指标，最终确定因素指标和其体系结构。

（2）确定指标权数集。依据各因素在评估目标中的重要性程度和贡献度分别对其赋予不同的权数，形成相对合理的指标权数集，才能更为准确地评价科技创新对转变经济发展方式的支撑绩效。确定指标权数集首先要依据指标的相对重要性排序和关联隶属关系构建指标层次结构，其次确定对各指标主观思维判断量化的标度和相对统一的判断标准。邀请专家构造判断权数矩阵，形成初步的指标权数集，并通过群体决策综合专家意见，得到各项指标的权数，形成指标权数集。

（3）选择评价信息处理技术。当指标因素集和权数集确定后，需要选择科学的评价信息处理方法以保证绩效评价的实效。可以采取综合评价理论中的功效系数法，得到无量纲化处理后的各指标评分值，并通过对各指标评分值的线性加权求和得到被评对象的绩效得分综合值。

（4）解释与分析评价结果。解释与分析高校科技创新对转变经济发展方式的支撑绩效评价结果，需要定量分析与定性分析相结合去作出综合判断。定量解释要符合客观现实，所得到的定量结果横向和纵向可比，以能准确反映各高校科技创新综合绩效在评估总体中的排序及划分等级，以及所评价的高校在科技创新综合绩效上取得的进步。定性解释需详细地描述出参评高校的科技创新现状，指出取得的成绩和存在的问题。对评估结果作出解释后，还需进一步针对存在的问题，找出能够迅速地提高科技创新能力和绩效的对策。

2. 基于平台视角下高校科技创新支撑转变经济发展方式的绩效评价指标体系设计

高校科技创新平台是以人才和资源共享为主要形式、以科技项目研究为纽带，融合学科建设、人才培养与科技创新三大任务而组织起来的重要科研组织运行模式①，是高校通过科技创新推动经济发展方式转变的重要载体。高校科技创新平台主要有设在学校的国家级或省部级的工程技术研究中心、重点实验室，以及学校自建的研究开发基地、中试基地等。其创新绩效主要体现为：培养众多具有创新意识与创新能力的人才，通过科学研究产生科技创新成果以及促进科技成果的商业化。

目前，国内关于高校科技创新平台绩效评价主要集中于方法和政策方面展开研究，也有文献着力于对科技创新平台绩效评价的案例展开分析。总的来看，对高校科技创新平台绩效的涵盖范围没有明确的界定，因而相应指标体系的设计也非常欠缺。

我们认为，基于科技创新平台为载体，实现科技创新推动经济发展方式转变的绩效设计，既需重视投入—产出的动态过程，也应坚持符合转变经济发展方式要求的结果导向。基于这个设计思路，高校科技创新平台绩效评价指标框架由资源投入、研究成果和人才培养三类构成。资源投入主要来自政府、企业和高校投入的人力、财力和物力；其产出主要体现在研究成果和人才培养方面。研究成果既包括产品、工艺、设备和材料等，也包括完成的课题、发表的论文和申请的专利等。人才培养不仅包括正规的学历人才教育，也包括专家的培育。高校科技创新平台绩效评价指标框架如表 11-2 所示。

---

① 苏跃增，徐剑波．高校科技创新平台建设的几个问题［J］．教育发展研究，2006（12）：39-41.

表 11-2　基于平台视角下高校科技创新支撑转变经济发展方式的绩效评价指标体系

一级指标	二级指标	三级指标	四级指标
资源投入	人力投入	两院院士人数	
		博、硕士导师人数 研究生人数 实验室工作人数	
	物力投入	实验室投入	图书资料数 电脑设备 科研仪器资产总值
		数据库建设科研软件	
			数据库
	财力投入	横向项目经费校企合作费	
			境外投资费
		纵向项目经费国家部委经费	
			地方政府部门经费 本校匹配经费
		基础科研费自筹经费	
			基础科研经费
研究成果	论文著作	国内论文总数	
		获奖成果产出数国际论文总数	
		著作总数	
	获奖成果	获奖成果产出数	
	专利	发明专利 实用新型专利 外观设计专利	
	成果转化	技术转让实际收入 校办科技产业的实际收入	
人才培养	杰出人才培养	新增两院院士	
		新增省部级以上优秀人才资助计划的获得者	
	师资队伍培养	高级职称晋升人数 教师博士学位人数	
	研究生培养	博士研究生毕业人数	
		硕士研究生毕业人数	

3. 应注意的几个问题

（1）评价指标权数设定的困难与解决思路。高校科技创新平台绩效评价指标权重设定的困难在于缺乏相关经验数据作为参考。为避免权重设计时的主观性和随意性对评价结果的影响，我们可依据客观原始数据信息的联系强度或各指标所提供的信息量，在通过因子分析法进行客观赋值的前提下，进一步通过层次分析法或专家经验评估法对之进行适当修正，以使之更好地符合被评价对象的实际情况。

（2）增强科技创新不同类型对转变经济发展方式支撑的说明。在实际工作中，为了进一步明确高校科技创新推动经济发展方式转变在某些侧重点的作用。在产出效果方面，我们可以根据绩效考核的目标，将结果导向型指标在科技创新成果的类型层面进一步细化为面向科技前沿的创新指标、面向行业产业的应用型创新指标、面向区域发展的创新指标和面向文化传承的创新指标。

（3）增强科技创新支撑转变经济发展方式效率的组织创新说明。反映高校科技创新支撑转变经济发展方式的效率，还需进一步强化科技中介机构在集聚创新资源、降低创新风险、加速科技成果产业化进程中发挥的桥梁和纽带作用。一方面，可通过产学研合作基金加速功能性产品或设备向量产方向转化；另一方面，可通过成立校企、校地合作的股份制科研经济实体增强协同创新能力，实现高校科学研究与产业科技创新之间的无缝对接。这些组织创新在后期进一步细化评价指标体系时也应得到相应的反映。

（三）专业研究机构：科技创新支撑转变经济发展方式的绩效评价

1. 国内外专业研究机构绩效评价研究述评

相对于大学，专业研究机构的历史并不悠久。早期专业研究机构的规模体量无法和现在相比。从国外专业研究机构绩效评价研究的历史经验看，早期，科技创新对经济增长的贡献水平相对较低，专业研究机构主要由政府主导成立，主要是为服务经济社会发展中的某一特定领域。随着时代进步和社会发展，专业研究机构几乎覆盖了政府干预的所有领域，在国家创新体系中占据着不可替代的重要地位，在一定程度上代表着国家的科技发展水平。专业研究机构科技创新绩效考核的内容较为广泛，已延伸到人力资源管理绩效、内部管理绩效、科研成果水平、科研成果影响力、科研资源使用效率、科研产出与目标完成情况、可持续发展能力等领域。

我国专业研究机构绩效评价研究起步相对较晚，理论界分别从人力资源、业绩成果、发展前景、投入产出率等角度开展研究。在实践层面，《国家中长期科学和技术发展规划纲要（2006—2020 年）》关于专业研究机构要以向全社会提供公共技术和服务为主要任务明确规定，为考核专业研究机构指明了方向。《国务院办公厅转发科技部等部门关于深化科研机构管理体制改革实施意见的通知》也明确提出了我国专业研究机构改革的整体思路。中央财政将进一步优化和完善财政科技投入结构，提高专业研究机构的经费投入，引导科研机构增强科技创新和服务能力。

总的来看，随着时间的推移，学者从更广泛的领域、更精细的角度选择评价指标，并倾向于用更加综合的方法来考察专业研究机构的绩效。但是，受创新过程的复杂性、创新知识的专业性、创新人才的个体差异性和科技产出的多样性等原因的制约，目前仍缺乏一套能够体现对转变经济发展方式的相对标准化、可普遍适用于专业研究机构的创新绩效评价体系。

2. 科技创新支撑转变经济发展方式的专业研究机构绩效评价体系构建

科技创新支撑转变经济发展方式的专业研究机构绩效评价体系在目标层次上需要更加突出科技创新的投入产出率。在指标的选择上，要符合构建适应建设创新型国家和创新型体系的需要，体现专业研究机构科研特性的创新绩效评价体系，彰显客观、创新、激励、可操作和完整的原则。我们将基于转变经济发展方式的科技创新支撑的角度，对研究机构绩效评价体系分别从定量与定性角度作如下设计：

（1）定量评价指标体系。定量评价指标主要涵盖创新效果、创新成本、内部管理和持续发展四个方面。

第一，创新效果评价。创新效果评价主要体现专业研究机构创新行为对转变经济发展方式产生的客观效果。所涉及指标主要包括：发表论文的数量和级别，高水平期刊发表的论文篇数及被引用次数，国际、国内专利申请及所获得授权的数量，国家最高科学技术奖的获得次数，新培养的高学历人才数，新增加的高级职称人数，对外技术转让、咨询、培训、承包等服务的数量和级别，科技成果转让收入等。

第二，创新成本评价。创新成本评价主要反映专业研究机构创新投入行为支撑转变经济发展方式的基础保障水平。所涉及指标主要包括：技术人员、行政人员等工资支出比例和额度，人均科研经费，科研经费年度增长率，经费自给率，科研支出比例，专项科学事业费，各项高水平课题经费，所购置仪器设备的总值及在总资产中的占比等。

第三，内部管理评价。内部管理评价主要体现专业研究机构内部管理机制对转变经济发展方式的保障功能。所涉及指标主要包括：决策效率、执行效率、信息传递和知识分享渠道、跨部门合作、知识管理水平和信息管理能力等。

第四，持续发展评价。持续发展评价主要体现专业研究机构支撑转变经济发展方式的发展后劲。所涉及指标主要包括：两院院士及外国国家科学院院士人数，“863”“973”计划项目组长，千人计划或首席科学家人数，国家杰出青年基金获得者人数，国家级奖励获得者人数，享受政府特殊津贴专家人数研究人员的系统培训次数，短期培训和学历教育等再教育机会次数等。

（2）定性评价指标体系。为保证评价结果的相对客观性和全面性，定性考评采用上级、平级和下级测评相结合的360度考核办法，主要定性指标包括科研创新总体水平、产业开发总体力度、推广服务实施情况、人才与团队建设举措和机构品牌文化建设等。科研创新总体水平包括科技创新意识、科技创新方向的前瞻性、科技创新机构设置的合理程度、制度建设与激励机制的完善程度等；产业开发总体力度主要包括科技创新与产业发展的结合程度、科技创新对产业的总体贡献水平、重点开发的前瞻性产业情况等；推动服务实施情况主要包括科技资源科普化的水平、科技创新技术的覆盖与应用领域、实用技术的传播渠道和传播机制等；人才与团队建设举措主要包括人才引进办法、引进机制的力度、团队组建及相关分工、团队凝聚力建设等；机构品牌文化建设主要包括机构文化建设、品牌建设与管理、机构声誉与维护等。

3. 应注意的问题

构建专业研究机构科技创新绩效评价指标体系，是促进专业研究机构支撑经济发展方式转变的重要基础。在实践操作中要注意以下几点：

第一，注重专业研究机构的社会责任，注重创新绩效与社会责任评价相结合，同时强调专业研究机构的长远绩效，注重短期绩效和长远绩效相结合，合理地选择评价方法，注重定量考核与定性评价相结合。

第二，科学规范专业研究机构的科技创新绩效评价程序。专业研究机构因所处的不同领域、不同区位、不同历史条件等存在巨大的差异，这就要求我们不能一概而论，要充分结合考评对象的性质、特点和相关要求，选择合适的指标体系、评价标准和评价方法。

第三，创新运用相关的评价标准，对相关数据进行整理、加工，坚持基础数据和资料的真实性和准确性，指标口径和评价标准的前后一致性，确保评价结果的真实、有效、客观、公正和合理。

第十二章　推进加快转变经济发展方式科技支撑力的综合配套改革

一、构建科技创新的“协同治理”新模式，进一步理顺科技创新管理体制

科技创新管理体制是推动科技创新能力提升、营造良好创新生态的关键。构建科技创新的“协同治理”新模式，进一步理顺科技创新管理体制，科技管理向创新管理的转变是核心，加强创新政策统筹协调和科技发展战略规划是关键。

（一）从历史沿革视角看科研管理体制改革促进科技创新能力提升

新中国成立以来，我国的科研体制改革经历了从无到有、由弱变强的探索历程，其中有很多值得总结的经验和宝贵财富，通过梳理我国科研体制改革发展的历程，有助于我们从源头上认清和发现当前我国科研管理体制的现状及其存在的问题，同时有助于我们“对症下药”，进一步明确推动我国科研管理体制改革的具体举措，推动社会经济的健康可持续发展。总体上看，我国科研管理体制经历了两个阶段：一是科研体制的初步形成阶段，二是科研体制改革发展阶段。

在新中国成立初期，随着科技进步和社会发展，我国的科研管理机构顺应时势不断变更，科研管理体制不断探索酝酿，最终初步形成中国特色的科研管

理体制，这从我国成立初期科研管理体制发展过程中可见一斑。中科院是新中国成立前后的科研管理机构，集研发管理于一体，是全国科学研究的“火车头”以及政策方针制定的“神经中枢”，带动且代表着全国科研发展的最高水平。1954 年以后，中科院不再兼任科研管理行政职能，成为纯学术机构和单一的研发中心，这期间，科学规划委员会成为领导和组织全国科学研究活动的最高行政管理机构。科学管理委员会进一步完善了我国的科研管理体系，成为我国科研管理体制发展的雏形。1958 年，在聂荣臻的提议和大力倡导下，成立了科学技术委员会，一个统一全面的科研管理组织领导机构顺应科技发展大势，统筹推动了国家政策、科技规划、科学研发等战略性工作。至此，我国的科研管理体制初步成型，这为之后我国在科学研究领域取得的巨大成就奠定了坚实的基础。

改革开放以来，体制变革进一步解放了生产力，我国经济社会迅猛发展。与此同时，高度集中的计划经济体制以及计划体制下的科研管理体制的弊端逐步显现，“重工业轻农业”“重国防轻民生”等一系列问题凸显，科研体制管理逐步与社会经济发展脱节，科学研究难以跟上社会经济发展步伐。在科研管理体制中引入竞争机制，加强市场对科研工作的调节作用成为时下的重中之重。1985 年中共中央作出《关于科学技术体制改革的决定》，进一步明确了“经济建设必须依靠科学技术，科学技术工作必须面向经济建设”，科研管理体制的改革逐步提上议程。1992 年以后，我国正式进入社会主义市场经济阶段，经济社会发展的活力被进一步释放，科研体制改革刻不容缓。这一时期，科学技术是第一生产力充分体现了科学研究服务社会生产这一理性思维的重大扭转，科学研究工作的目的是促进经济建设和社会发展，要通过改革科研管理体制和优化资源配置进一步推动科学研发工作的开展。当前，发展已成为时代的重要主题，科技创新成为一个宏大的系统工程，企业进一步成为创新的核心主体，科研体制改革在推动科技创新工作发展当中举足轻重。

（二）科技创新管理体制改革面临的制约条件

改革开放以来，社会经济发展取得了巨大成就，科技创新成为引领经济发展的第一推动力。与此同时，科技创新也面临巨大挑战，基础研究等重大关键领域明显滞后于市场经济发展，市场机制在科技资源配置中的基础性作用尚未得到充分发挥，科技创新管理体制改革任重道远。具体表现在：

一是科技创新管理体制改革顶层设计有待进一步健全。21 世纪，新一轮的科技革命正在加速孕育，科技进步和创新发展的步伐明显加快，尽管我国为适应新时期科技创新形势实施了一系列的政策举措，但总体上看，科技创新管理体制的顶层设计仍有待进一步加强，科技创新发展体系有待进一步健全。特别是在科技创新宏观决策体制的总体设计及战略性新兴产业发展上缺乏有效的政策建议和咨询意见，这与我国当前的经济形势和科技创新发展势头不相匹配，科技创新管理体制的改革非常重要且高度迫切。

二是科技创新主体基础薄弱的现状有待进一步改善。当前科技型企业普遍存在科技研发投入不足、自主创新能力不强、开展科技创新工作积极性不高等问题。突出表现在：企业创新人才严重不足，在科技创新方面缺乏智力支持，人才“引不进、留不住、用不好”。创新平台的支撑较弱，科研院所和高校对企业创新的支撑力度较多，“产学研”有待进一步强化合作。研发投入不足导致科技创新局面被动，前沿技术研发后劲不足，企业核心竞争力有待进一步加强。企业引进消化吸收再创新的经验和能力不足，二次创新的效果欠佳，企业对于国外技术的依赖性较强。

三是科技创新主体的创新意识有待进一步唤醒。总体而言，科技型企业自主开展创新活动的意愿不强，自主创新开展的不多，尖端核心技术的研发进度缓慢，高新技术产业培育基础不足，高新技术行业的投资体量不大。同时，我国多数企业普遍存在重技术创新、轻制度创新的思想，对于创新精神的培育不够重视，对于科技创新体制改革的重要性理解不够透彻、认识不够深刻。企业在科技变革和创新过程中，对于科技创新核心的把握存在问题，导致科技创新管理体制的改革迟滞不前，最终影响创新生态的进一步改善，制约技术创新的进一步发展。

四是建立起科技创新人才队伍。进入 21 世纪，各国之间的竞争从根本上是人才的竞争。目前我国尽管科技领域的技术人才众多，但创新人才极度匮乏且质量不高，科技人才的影响力和创新潜力有待进一步挖掘，尤其是高层次的科技创新人才匮乏。具体表现在：科技创新领域有影响力的学术带头人相对缺乏，高层次的技术开发人才数量不足；企业受限于自身条件，难以吸引高层次人才；激励科技创新人才成长机制不健全，科研创新管理体制改革有待进一步深化。

（三）构建“协同治理”新模式的具体举措

解决政出多头，科研管理体系“行政干预过多”，科技资源闲置和浪费并存，科技项目重复定位等影响科技创新效率的一系列问题，需要遵循有利于转变经济发展方式的要求，依据政府、科学共同体、企业与媒体、社会公众等主体在科技创新体系中的角色与定位，构建“协同治理”新模式，进一步理顺科技创新管理体制。

一是理顺政府、企业、高等学校和研究院的关系。构建层次分明、分工合作、结构合理、鼓励创新的科技管理体制以提升转变经济发展方式的科技支撑力。科技创新管理体制及运行机制的完善应发挥市场主导作用，以企业为核心，高等学校和研究院为后盾，政府着力于侧面把控和服务。

二是转变政府职能，发挥市场对科技资源配置的决定性作用。适应创新工作的要求，建立有利于调动创新积极性和推动创新工作科技管理体制，强化简政放权、优化服务、规范办事流程。政府调控的重点应放在制订涉及国计民生和长远利益的创新战略规划，完善技术支持平台和共享网络设施，普及科学教育，制定和落实支持科技创新的政策及制度，加大对科技创新的投入。政府可通过加大创新引导基金的支持力度，重点支持关系国计民生和长远发展的战略性新兴产业，以及代表技术发展方向的高新技术产业的发展，并以此推动产业结构的调整与升级。完善多层次的市场体系，尽量用市场的方法与手段解决科技创新与发展方式转变中面临的种种难题。尤其是针对科技成果转化这个中间和薄弱环节，整合各方资源建立科技创新中介体系，提高科技咨询、创业服务、融资担保、产权交易、技术转让、兼并重组等科技创新服务能力，使科技创新的成果尽可能转化为经济效益，推动经济增长，实现发展方式转变。

三是理顺高校与科研院所的创新管理体系，适当分开“行政权力”和“学术权威”。要避免“行政权力”过分干涉到科研项目中，摆脱“学术权威”行政化的局面。为学术发展创造良好的氛围，优化科研工作配套设施改善科研工作者的生活待遇，完善激励机制，让科技工作者能在优良的条件下，最大限度地发挥其专业能力，为国家科研创新服务。积极改革科研成果的评价体系，防止科研功利化、学术泡沫化等短期行为。支持高校、科研院所科技人员、全日制学生创办科技创业企业，并给予一定优惠政策。

四是积极推动科技资源平台建设、促进科技资源共享。大力推动科技资源平台建设，进一步理顺发明、创新与商业化运用的创新链，提升协同创新、集成创新和引进消化再创新的效率。资源平台建设要构建资源数据库，积极举办科技论坛及研讨会，加强地区或国际间的交流，弥补自身短板。资源共享要立足于资源自身性质，清楚共享内容的结构组成，着力于共享信息、科研设备、数据、人才、科研成果。资源共享离不开可持续发展，因此，完善资源共享的协调机制是其进一步发展的关键，要处理好企业、高校、科研院所等多方利益关系，使科技创新得到长足发展。

二、推进政府管理体制改革，处理好政府和市场的关系

完善转变经济发展方式的科技创新支撑机制，就是要致力于解决科技创新和经济发展联系不紧密的问题。在科技与经济的融合发展上，公共投入与企业需求脱节、基础研究成果与市场价值脱节、政府采购与研发投入脱节、科技人员与企业创新脱节等痼疾严重制约了科技创新对转变经济发展方式的支撑作用的发挥。打通科技和经济社会发展之间的通道，有效提高科技创新对经济发展方式的支撑力，关键是要推进政府管理体制改革、处理好政府和市场的关系。在我国社会主义市场经济体制下，经济发展离不开政府的宏观调控及市场在资源配置下的决定性作用。努力形成良好的市场竞争环境，为实现科技创新支撑经济发展方式转变提供支持，最终落脚到经济增长质量和效益的提升上。

第一，加强企业作为技术创新的主体地位。企业通过技术创新决策、研发投入、科研组织、成果转化实现科技发展。处理好政府与市场的关系，就是要强化企业的主体意识，使之由“要我创新”变为“我要创新”。要努力满足企业创新需求，积极为企业吸纳更多创新要素，不断增强企业的创新软实力。

第二，运用市场手段培育新兴产业和筛选技术路线。政府掌握着重要经济

资源配置权和重要生产要素的定价权，会通过干扰生产要素流动和资源配置成本影响技术创新路线选择和新兴产业的成长。为增强企业发展的市场自生能力，在非国计民生的产业中，应由企业自己决定发展方向或选择技术路线，政府主要着力于培育公平的市场环境。要通过市场手段去筛选和培育新兴产业，特别要重视发挥好中小微企业应对技术路线和商业模式变化的独特优势。

第三，推进政府科技管理体制改革。一是以转变职能为重点，使政府跳出具体事项的束缚，着力于战略规划、政策引导和发展环境，提高宏观管理和统筹协调能力。二是进一步明晰政府的功能定位和角色分工，特别是处理好政府和市场分工、中央各部门功能性分工、中央和地方分工，加强党对科技工作的领导。三是政府要加强统筹协调，组织选择并调动全社会力量来推动落实重大科技项目和重大工程，能在体现国家战略意图、关系国计民生和产业命脉的领域积极作为。

第四，提高政府科技创新与经济发展方式的决策效率。政府改革涉及多方利益的协调，处理好中央利益与地方利益、局部利益与整体利益、个人利益与集体利益是经济发展的先决条件。特别是由于改革触及某些集团既得利益和权力部门与政府官员的利益，导致政策在执行中受到阻碍，经济发展滞缓。因此，要着手提高政府绩效管理，促进科技创新对经济发展的支撑作用。可建立一个由中央、国务院直接领导的、超脱部门利益的改革协调机构，加强对科技创新与经济发展方式转变决策的统一领导和综合协调，防止有利于科技创新支撑经济发展方式转变的政策因部门或地方利益的干扰无法落实到位。

第五，加强公共服务、立法和监管。加强和优化公共服务，通过优化公共研发平台、科技资源共享平台和科技成果转化平台，提高科技创新的服务质量。要促进政府知识产权相关法律的完善，提高政府依法执政的能力，帮助经济活动参与者树立遵纪守法的意识。加强市场监管，维护市场秩序，保障公平竞争环境。

三、推进提升企业创新能力的改革

我国以企业为主体、市场为导向、产学研相结合的技术创新体系建设成效显著，推动企业创新的优惠政策正加快出台的步伐，企业研发投入的积极性和研发能力进一步增强，高水平创新成果呈爆发式增长，在关键技术、共性技术等方面取得突破性进展，为优化结构和产业转型升级奠定了基础。但是，总体来看，我国企业创新能力依然有不足之处，许多支撑领域发展的核心技术仍未有效掌握，制约企业创新的体制机制障碍仍然存在，提升企业创新能力的改革尚需进一步深化。提升企业创新能力，努力为企业吸纳更多的创新要素，加快科技成果的产业化，为转变经济发展方式提供有力的科技支撑，可着力推进以下四方面的改革。

（一）夯实科技资源支撑条件支持，增强企业科技创新能力

1. 引导企业加大技术创新投入

着力于国家战略和市场需求方向鼓励和引导企业先行投入开展研发项目，推进科研项目经费后补助工作。成立一系列专项资金鼓励和引导企业围绕国家的重大战略需求和自身发展开展技术创新工作，增强国家科技奖励对企业进行技术创新的引导力度。组织有条件的企业牵头实施产业化目标明确、实施经济效益和社会效益明显的重大科技攻关项目。

2. 加强企业创新人才队伍建设

制定和落实重大人才工程，完善人才引进政策，支持企业引进海外高层次人才，鼓励海外留学生回国创业。以团队建设为抓手，培养科技领军人才，加强专业技术人才和高技能人才队伍建设，培训企业科研和管理骨干。鼓励科技人才阶段化流动，创建科研院所、高等学校和企业创新人才交流平台，提高科技人员服务企业科技创新的效率。定期开展技术革新、技能大赛等群众性技术创新活动，激活企业技术创新的细胞，提高企业员工的科技素质。

3. 建立科技资源的企业共享机制，提高科技资源和效率

加强国家重点实验室、国家工程实验室、国家工程（技术）研究中心等科技资源平台的开放服务的力度，推进大型科学仪器中心、科技信息、专利信息等共享力度，实施区域联网制度，降低企业进行科技创新的成本，改善企业科技创新的条件，提升企业科技创新能力。

（二）增强企业科技创新能力，提升产出效率

1. 大力培育创新型企业，充分发挥其对技术创新的示范和引领作用

以国家高技术产业化示范项目、国家科技成果转化引导基金支持的项目和国家重大科技成果转化项目等为基础，充分吸收和利用其创新成果进行产业化应用，大力培育创新型企业，使之成为地方新的经济增长点。通过创新型企业发挥其对技术创新的示范和引领作用，带动其他传统产业的改造与升级。吸引高水平创新型企业在本地落户，汇聚高端人才和其他创新资源，并通过供应链和产业链延伸形成创新型产业集群的地理集聚。

2. 支持企业推进重大科技成果产业化

国家已出台文件，批准建立了自主创新示范区、创新型（试点）城市、高新技术产业开发区、新型工业化示范基地、高技术产业基地等多个科技发展平台。可充分利用国家对这些科技发展平台的优惠政策，依托重点企业推进重大科技成果产业化，并围绕完善创新链的要求，推广和应用新技术、新材料、新工艺、新模式、高端装备等，形成创新产业集群。

3. 增强科研院所和高等学校对企业技术创新的支持能力

进一步推进产教融合，以共建学科专业、项目合作、人员互派、共建基地等多种手段，增强科研院所和高等学校对企业技术创新的支持力度。开发和加强订单人才培养、短期技术培训、实行双导师合作等多种方式提高创新人才的培养效率，增强企业技术创新的人力资源储备和提高大学生的就业能力。增强科研院所和高等学校通过联合攻关、委托研究、技术决策咨询、建立工作站等方式加强与企业的合作，支持企业技术创新，实现创新收益的最大化。

4. 着力于全球开放合作增强对企业技术创新的支持能力

深化政府间合作，建设全球开放合作的协同创新共同体，瞄准国际学科前沿，组织实施大科学工程的国际合作攻关，促进创新资源多向流动与开放。引进国外先进技术和高级研发与管理人才，加强自主创新、集成创新和引进消化后的再创新能力。鼓励企业以适当方式并购相关产业链上的国外企业，以柔性引进先进技术与适用技术。鼓励实力雄厚企业加入各类国际标准组织，支持企业向国外申请知识产权，提升在国际技术创新市场上的话语权。

（三）完善科技创新平台的制度改革，提升对经济发展方式转变的支撑力

1. 支持企业建立研发机构

企业建立研发机构是增强自主创新能力，获取核心与关键技术最主要的保障。可在经费、人才、场地和保障条件等方面为企业建立研发机构提供强有力的支持，特别是要加速提高大中型工业企业建立研发机构的比例。积极引导有条件的企业围绕国家的重大战略需求和企业发展需要，建立国家重点实验室、国家工程（技术）研究中心或国家工程实验室，以行业重大基础研究和应用研究为主导，以解决实际问题为中心提升企业开展工程技术研究的能力。积极发展民办科研机构和科技类民办非企业单位，在承担国家科技任务、人才引进等方面给予相应的政策支持。

2. 以企业为主导发展产业技术创新战略联盟

完善联合开发、优势互补、成果共享、风险共担的合作机制，支持行业骨干企业与科研院所、高等学校签订战略合作协议，组建产业技术创新战略联盟，使之在把握技术发展规律与趋势、承担重大项目、制定技术标准和编制产业技术路线图等方面做出重要贡献。深入开展产业技术创新战略联盟试点，加强对产业技术创新战略联盟的分类指导和监督评估。

3. 依托转制院所和行业领军企业创建产业共性技术研发基地

针对当前或未来可能被广泛应用，并对多个产业产生广泛影响的共性技术具有准备公共物品特征、一般企业无力或不愿承担的现状，可以骨干转制院所、行业特色高等学校和行业领军企业为依托、整合创新资源，创建产业共性技术研发基地。通过产业共性技术研发基地开展研发、试验、推广活动，为产业竞争实力和水平的整体提高提供有力的支持。

4. 改革面向企业的科技创新服务平台

根据企业技术创新需求，以资源整合、优势互补和综合利用为主导，打造专业化、社会化和网络化的科技创新服务平台，从研发设计、检验检测、技术转移、大型公用软件、人才培训等多方面为广大科技型企业提供专业化的服务，使科技研发能力得以增强，科技成果转化效率得到稳步提高。

（四）增强企业科技创新促进结构调整与升级的能力，推动经济发展方式转变

通过实施国家科技重大专项和研发重大创新产品探索和掌握核心关键技术，构建技术含量高、特色鲜明的产业链，并以此为基础培育和发展战略性新兴产业，使之尽可能尽快地转化为地方经济的新兴增长点。增强企业的创新主体功能，面对存在的主要问题和实际需求，以平台和项目建设为抓手，以重大制造装备、关键零部件、基础原材料、基础工艺及高端分析检测仪器设备为重点开展技术创新，通过技术改造、改进产品功能、开发新产品等推动传统产业的更新换代，使之焕发新的生命力，延长产业的生命周期。通过转变管理模式及改进技术手段，积极培育现代服务业的新业态。

引导集群龙头企业进行技术创新，扩大其技术创新的榜样作用，带动相关企业实现共同创新，实现创新的地理集聚，并形成区域核心产业集群。积极加入全球创新网络，融入国际创新技术体系，与世界高水平企业合作开展国际科技重大项目研究，主动发起全球化的科研项目，整合国际科技资源汇入中国。重视基础研发投入，实现成果转化与开发，大力支持原创发展，加速实现中国制造向中国创造转型。

大力培育科技型中小企业。完善科技创新综合服务体系，建立中小企业技术创新联盟，优化金融支持体系，完善技术交易市场，增强中小企业实行技术创新和改造升级的能力或推动科技型中小企业的建立和发展。通过引导基金、新兴产业创投计划、中小企业创新能力建设计划等方法引导和支持大众创业、万众创新。

四、改进专利制度，完善知识产权保护

（一）从世界专利史角度看专利对创新与经济发展的作用

专利，早期被作为一种特权，被授予给皇室喜欢的人，从而在市场上形成一种不公平的独占权。这些特权常造成不良的经济后果，如英国皇室对盐授予

专利权后，导致海盐价格上升20倍左右。这种现象后来遭到议会越来越强烈的反对，17世纪后，专利的原则才逐渐调整到与发明相联系，认为专利只能被授予真正的和重要的发明。

到18世纪后，专利授予确认了与当代近似的两条授予原则：专利应该授予新的和重要的发明；专利授予的范围与程度应该与发明的范围与程度相关联。尽管如此，来自专利认定的专业性知识间的复杂性与模糊性、专利申请者与审批者的动机、专业组织管理机构与司法解决机构的态度，在很大程度上影响专利实务的经济效果，甚至长远影响参与各方的心理与行为。

当专利与新发明联系起来后，18~19世纪的欧洲还兴起了一波反专利浪潮。这主要是由专利体系本身存在的制度缺陷所造成的，且对专利政策的看法和争论导致不同解决制度缺陷的方法，并产生两种不同的政策走向。英国专利体系的主要问题在于政出多头与专利申请费用高，因专利申请延迟与成本问题使一般发明人面临巨大的申请障碍。利益集团干扰、发明者难建立联盟、对改革结果不确定性的顾虑等因素使这种不合理的专利制度改革缓慢。专利体系的改革方向最终导致专门管理机构的产生和专利法案的修正，使专利申请的延迟和成本问题得到较好的解决。荷兰专利体系存在的主要问题是审查不严格，导致不实用和不新颖的专利得以通过；专利公告期的不合理确定使新产品制造商面临巨大不确定性，开发新产品的愿望大大降低。因质疑专利体系的创新激励作用及专利替代政策的考虑，荷兰议会上议院在1869年以49票同意8票反对废除了专利制度。但是，实施效果的不理想，以及来自德国和其他地方贸易伙伴的压力最终使荷兰放弃了废除专利的做法。

在通过科技创新形成或维护商业竞争优势地位变得越来越重要的时代，专利意识增强并将专利战略作为一种进攻性武器已成趋势。以美国为例，20世纪70年代以来，美国面临来自日本越来越强大的技术性产品冲击，利用专利保护美国产业竞争优势的呼声越来越高。20世纪80年代开始，美国在专利制度史上发生的重要变革对美国专利实战产生了深远影响，有利于专利权人的系列制度或氛围越来越明显。以美国联邦巡回法院为例，关于专利诉讼处理所发生的四项变化（更强大的补偿措施、扩大能够得到专利的主题数量、限制对专利有限性的挑战、增强对陪审团的依赖）都较有利于专利诉讼取得胜利。

这样的制度环境改善使美国的专利意识和科技创新能力大大增强。

从以上分析中我们可总结出，早期，专利主要是一种防御性武器，用于保护公司或个人的创新不受其他公司或个人模仿的影响。这是因为，早期的技术更新速度较缓慢，且很难将特定的产品与技术联系起来，因而许多公司或个人并不认为专利是用来获得创新收益的重要武器，先行者优势反而更被看重。当代，这种情况发生重大变化，尤其是在技术更新周期较快的行业，如集成电路、生物制药、智能设备、通信技术等，专利更多被当成进攻性武器，主要用于威胁和中止竞争对手当前与未来的商业计划。此时，对专利权利的主张甚至成为公司或个人赚取收益的重要来源。此时，专利保护的作用离激励创新越来越远。利用被忽视或被废弃的专利赚取利润的动机和与之相关的各种诉讼正在破坏一个社会的创新能力。例如，大公司利用小公司无愿或无力参与耗时、耗钱的专利诉讼，胁迫中小企业达成专利使用协议或支付专利使用费；个人发明者利用“临时禁令”威胁公司协商解决争端。这样的事例，导致专利在某种程度成为阻碍而不是刺激技术创新的制度工具。基于这样的分析，不能单把一个经济主体中专利申请的数量与技术进步简单地线性联系，并试图强调其间的正相关关系。事实上，观察专利制度诞生与授予的历史，可以发现：专利授予谁、授权范围和程度的大小在很大程度上影响专利制度促进经济发展的有效性。要使专利能激励创新和经济发展，关键是根据经济发展环境设计出合理的专利制度安排。

（二）旨在促进创新的专利制度安排

在技术更新快但技术交叉重叠较多的领域，“专利交叉许可”是解决行业整体创新力的一个重要途径。在“专利交叉许可”的实施环节中，是否涉及资金转移需要双方或多方自行协定，没有统一的定式。即使存在“专利交叉许可”的行业中，企业或个人申请专利的动力也充足，主要是因为企业或个人掌握的专利数量与质量决定着其在“专利交叉许可”谈判中的地位。涉及“专利交叉许可”的公司可能共同出资成立一个新公司，并将大部分专利移交给新公司，以联合对第三方要求行使专利权，从而达到联手控制市场的目的。

组织一个行业协会，让个人或组织在标准制定过程中及时披露相关专利获取情况，并为各项专利定一个“合理”的专利使用费率，可避免个人或组织利用标准制定组织的内部信息，通过某项或某些专利形成对市场的垄断。

像知识、技术这类主要以无形资产体现出来的资产，由于可能存在巨大的溢出效应，其市场价格难有明确的评价依据，也较难赢得投资者的青睐。这个特征是知识型企业或个体发展面临的尴尬。在这种情况下，培育企业或个人品牌或许更有利于获得更高的市场服务价格。

（三）加强专利对科技创新和经济发展方式转变的制度改革

当今，科技创新对经济发展的重要性日益突出，技术创新的范围、领域扩大，技术更新周期变短。随着知识与技术对经济发展的重要性日益突出，利用知识产权保护创新成果，约束竞争对手或作为一种重要的商业战略，已成为世界各国开展政治、经济、科技和军事竞争的焦点和有力武器。我国不仅致力于努力缩小与发达国家在科学技术发展方面的差距，也面临突破发达国家知识产权壁垒的挑战。因此，必须坚持开拓创新的思维和与时俱进的精神，拓展知识产权工作的思路，站在维护国家主权、经济安全和形成科技核心竞争力的高度，重视和加强知识产权工作，全面提高知识产权保护水平。尤其是我国在无线电传输、移动通信、半导体、西药、计算机等高科技领域，国内专利申请数量比例不高，这种状况对我国科技创新和经济发展造成了相当程度的冲击，不利于加快经济发展方式转变。尽管我国当前知识产权保护的环境比以前有明显进步，但仍需进一步完善。在专利的授予上，要进一步加强专利的审理，确保专利只能被授予真正的和重要的发明。要合理确定专利申请费用，以确保大众创新的成果能及时申请以保护专利发明者的价值。需建立并不断完善知识产权法律体系，进一步加强知识产权保护的司法执行力度，使创新者的权利和收益得到充分保障，从而激发企业与个人的创新动力。积极完善推动专利商业化运用的政策，如在技术更新快，但技术交叉重叠较多的领域，积极推动“专利交叉许可”制度，提高科技成果转化效率，提升行业整体创新力。要进一步优化预算制度特别是转移预算制度以保证专利局能得到改善其运行环境所需要的资源，使专利局能招聘到和留得住高质量的专利审查人员，避免因经费紧张但工作量却明显增加严重影响工作质量并造成后序工作的麻烦。

五、科技创新支撑转变经济发展方式的财政政策改革

（一）财政政策促进经济发展方式转变的作用机理

由于我国目前尚不健全的市场经济体制中缺乏促进经济发展方式转变强有力的内在激励，因此，如何设计和调整现有的财税体制及其相关政策以促进经济发展方式的转变是政府需要面对的重要命题。为有效地开展财税政策设计与改革，需要厘清财税政策在经济发展方式转变过程中的作用机理。

在经济发展方式转变过程中，财政政策的基本作用机理可归纳为政策效应、政策路径及其相应的政策保障条件三个方面。①

（1）政策效应。财政政策促进经济发展方式转变，可重点发挥以下三个方面的效应。

第一，转变成本的支付。转变成本是指在转变经济发展方式中所发生的改革、转轨的成本，包括为粗放型经济模式承担的部分退出成本和解决经济外部性问题所需成本。粗放型经济模式经历几十年的运行后，已经形成一定的路径依赖。退出粗放型生产方式，实现经济发展方式转变，需要支付技术与工艺的改造或升级换代成本、新技术的研发和转化成本等。这些成本依靠市场主体很难迅速得到落实消化，而政府财政往往是其最可行、最便捷的埋单者。此外，涉及防治环境污染和保护生态平衡的大量“外部性”问题，是经济发展方式转变中的另一个突出问题。这类问题的解决也需要政府进行干预和引导，并由财政垫支相应成本。

第二，政策导向性指引。相比于转变成本，通过财政政策进行的引导、激励和约束具有间接性、规范性和长效性特征。财政政策可以通过调整经济参数、收放经济杠杆或运用政策工具组合重新调度和配置经济发展资源，引导、激励和约束地方政府和企业的经济行为，以达到改变粗放型、促进集约型经济发展的目的。例如，通过财政补贴、税收优惠或加征资源税、环境保护税等方

① 贾康，刘微．财政政策促进经济增长方式转变的作用机理［N］．中国税务报，2007-06-20（5）．

式，引导企业向清洁生产、节能降耗方向转变。

第三，优化外部配套环境。转变经济发展方式，需要优质的公共基础设施、完善的社会保障体系、高品质的文化教育等配套改革进行支撑。财政提供的社会公共产品与服务的质量和数量，会影响经济发展方式的转变。

（2）政策路径。第一，宏观层面。首先是总量政策。按照调节财政支出变化方向及对国民经济总量的影响方向的不同，财政政策分为扩张、紧缩或中性政策三类。一般来说，不同的财政政策类型与具体的宏观经济状态相互对应。在经济衰退时，政府为扩大总需求往往选择以增加财政支出和减少政府税收等手段为特征的扩张性财政政策；在经济过热时，政府主要采取以减少财政支出和增加政府税收等为手段的紧缩性财政政策；在经济总量基本平衡期，政府则减弱对经济的直接干预，充分发挥市场机制的调节作用，实行中性财政政策。其次是结构政策。结构政策主要指在财税收支总量既定条件下，政府主要通过预算结构、收支结构和税收结构等的调整来推进经济的结构性变化，进一步促进经济发展方式转变。

第二，微观层面。主要是在宏观政策导向下，通过利益调整影响不同企业主体的经济行为，常用的方法包括税收优惠、贴息、政策性资金扶持、信用担保、政府定向采购及为特定目的财政补助等；也包括限制性的污染收费、特别收益金征缴等。通过实施财政支出或收入政策，政府可以有选择性地实现相应的支持和制约性目标，以满足转变经济发展方式的需要。例如，通过各种税收优惠待遇，引导、扶持特定纳税人或特定类型的经济活动主体进行某些经济活动，或刺激某些投资意愿；又如，通过收取资源补偿费和排污费，引导相关企业主动关注合理开发资源、节能减排和节约成本。

（3）政策的制度保障。为发挥财政政策的作用进行相应的制度安排。在计划经济体制下的生产建设型财税体制存在粗放式经营的内在激励，不利于推动经济发展方式转变。这已为苏联在 20 世纪 70 年代、我国在 20 世纪 80~90 年代前期的经济发展经验所证明。是否有导向正确、框架合理、规范完善的财税及相关制度，是关系到财政政策能否充分支持与促进经济发展方式转变的必要前提。我国财税体制改革的总体方向，是建立健全与社会主义市场经济体制相适应的公共财政管理体制，特别是要削弱地方政府过分追求 GDP 增长的冲动，使之把注意力与政策的着力点切实转到通过转变经济发展方式使经济走上长期持续稳定增长的轨道。公共型财税管理体制包括公共收入与支出制度、中央和地方财政管理体制等，涉及一系列制度的创新、规范和完善。

（二）积极推动科技创新支撑转变经济发展方式的财政政策改革

科技创新具有很强的正的外部效应。针对科技创新研发、技术转移、生产试运行及生产规模扩大等各个阶段的问题及困难，推进财政政策改革，将极大地克服市场配置和利用创新资源的不足，增强科技创新对促进经济发展方式转变的激励效果。提高科技创新对经济发展方式转变的支撑能力，财政政策可从以下几方面发挥积极作用。

第一，加大财政对科技创新投入的力度。加大政府财政的研发投入力度和财政补助力度，帮助科研院所和企业克服资金短缺风险大而社会资本投入积极性不高等问题。建立财政产业引导基金和信用担保机构，通过引导资金的杠杆作用进一步调整和优化财政科技资源的配置方式，综合运用无偿资助、后补助、贷款贴息等投入方式，吸纳尽可能多的社会资本（包括企业资本和金融资本）投入科技创新，促进投资乘数效应的扩大。坚持在创业投资引导基金中加大财政投入的比重，为鼓励创业和促使研发的产品及时、成功进入市场销售提供有力的资金支持。

第二，通过加大政府对新产品和新技术采购力度，提高新产品和新技术的市场生存能力。新产品和新技术的市场需求较小，此时，通过加大政府对新产品和新技术采购力度，可极大地提高新产品和新技术的市场生存能力。政府采购扮演着“先导用户”角色，政府率先使用能产生示范效应，有利于向社会证实创新产品及技术的优越性，对提高创新产品或技术的影响力和知名度影响深远，并能极大限度地诱导非政府市场主体进行商业采购。并且，将多个公共部门的需求整合打包，发挥政府采购的规模效应，能为创新产品和技术提供稳定的市场支持，大幅度降低科研成果转化和大规模市场化的风险。

第三，提高财政对科技创新及中介平台的支持力度，提高科技创新能力和技术转移的效率。当今，科技的复杂性、网络化、集成化等现代性特征，使重大科技成果的创新越来越依靠集体的智慧通过协同创新完成。作为协同创新的重要载体，建设科技创新平台至关重要。提高财政对科技创新平台的支持力度，可极大推动科技创新平台的建立与建设，使之对提高科技创新能力发挥重要作用。发挥科技对经济发展的引导和服务功能，需要及时促进科研成果的商业化运用，疏通科学技术转移的渠道。优化和完善财政孵化器、创新驿站等各种形式的科技中介服务机构，推动建立高效率的科技创新中介服务平台，为科学技术的供需双方提供信息和服务平台，有效解决技术供需中的信息不对称或不完全问题，提高技术转移效率。

第四，整合现有财政支持项目，促进科技创新和产业结构调整。根据加快转变经济发展方式的要求，政府应加大对重大基础研究、共性研究和面向科学前沿的研发项目的财政政策的支持力度和规模。尤其是针对战略性新兴产业、高技术和高成长性企业，可通过政府补助、奖励和税收优惠等方式引导和激励企业加大科技投入。政府应积极支持发展生物、新材料、新能源、航空航天等高新技术产业；支持能源、原材料、水利、交通等基础产业和基础设施完成技术升级改造。政府要推动将最新科技创新成果积极融入金融、保险、信息和法律服务等行业，提升服务的现代化水平和服务质量。

第五，进一步完善财政支持科技创新的各项政策的协调性。宏观决策不仅要调控有度，更要注重统筹安排和跨部门协调。资金资助部门、科技管理部门和研发执行单位要相互配合、形成相互监督机制，进一步优化资源配置。我们不但要协调中央政府与地方政府的科技与创新政策，而且要协调科技资金各个主管部门之间、各行业之间、不同区域间以及城乡间的利益关系，避免部门之争和重复性投资。要以提高创新效率为目标，建立有效的政策衔接工具，建立有效的创新资源配置体系，构建各类资源相互策动机制，同时做好科技创新管理工作。

第六，加强财政资金使用的绩效管理，促进科技创新。相对于科技创新必要的资金投入量，财政对科技的投入始终显得稀缺。现行的财政绩效管理不当导致财政投入的使用效益低下，需要加强对财政科技资金的绩效评价，建立与完善事前、事中、事后的绩效评价机制与监督检查机制。科技资金下拨前，要做好事前检查，严格审核项目的必要性、可行性；科技资金使用中，要加强监察，确保资金使用合理规范；项目结束后，要严格进行科技资金的绩效评价，进而将评价结果纳入科技主体的诚信体系，成为其未来申请财政资金支持的参照条件。

六、夯实转变经济发展方式科技创新支撑力的税收政策

当前，运用税收优惠政策激励科技创新已经成为各国常用的宏观调控手段之一。近年来，我国陆续制定实施了一系列支持科技创新以支撑经济发展方式转变的税收政策，但存在许多尚需完善之处。应借鉴国际相关经验完善我国的税收政策，为进一步夯实转变经济发展方式科技创新支撑力，为实施创新驱动战略发挥积极作用。

（一）税收政策在促进经济增长与发展方式转变过程中的作用机理

首先，以税制改革推动经济增长从投资主导型逐渐转为消费主导型。投资主导型增长模式在我国的经济中特点明显，表现为突出的消费不足问题。在新一轮经济发展的格局下，发挥消费对经济增长的拉动作用对实现经济持续增长将起到重要作用。税收制度可以在以下两个方面着力刺激消费：一是改革个人所得税制度，例如，通过提高个税起征点降低工薪阶层的纳税面来增加工薪阶层的可支配收入，提升社会消费倾向；二是平衡收入分配差距，在增加中低收入阶层实际收入的同时，利用消费税等对高收入阶层征收“惩罚性”税收，促进社会公平，增加社会的消费总额。

其次，以税制改革推动社会的生产方式向“节约型”和“环境友好型”生产方式转变。我国的社会经济发展具有“高投入、高消耗、低效率”典型特征。如我国长期以来无偿开采的方式，导致乱采乱挖普遍存在，资源使用效率低、污染问题重等弊端。我国现行税制缺乏节约资源和保护环境的制度设置，资源税率偏低，无法有效调节对资源的合理利用，客观上造成了资源的浪费。此外，完善资源税体系，扩大征税范围，也能推动资源开采和利用的节约效率。

再次，以税制改革为经济发展方式的转变而创造公平竞争的市场环境。我国目前仍然存在城乡税负不平等、内外资企业税负不公、垄断企业暴利问题突

出等现象，在一定程度上造成企业创新动力不足。进行税制改革，促进内外资企业税负并轨，加征垄断企业“暴利税”等，都有利于增强转变经济发展方式的内在激励。

最后，通过税制改革促进产业结构的优化和调整，进而推进经济发展方式转变。我国的产业结构虽然与改革开放之初相比已经发生巨大的变化，但产业结构的调整速度较为缓慢，不适应经济发展方式转变的要求。主要表现在：农业基础依然薄弱，第二产业创新能力不足、竞争力薄弱，第三产业发展速度缓慢。应通过设计税收制度，促进产业结构的调整与优化，最终实现经济发展方式的转变。

（二）现行激励科技创新的税收政策存在的弊端

1. 税收法制建设滞后

第一，迄今为止，我国激励科技创新的税收优惠政策虽然不少，但却缺乏一部专门针对科技创新的权威性法律。

第二，没有着力于科技创新支撑经济发展方式的机制与过程系统规划税收优惠政策。现行的科技优惠政策虽已涉及项目引进、开发推广、转化转让等各个环节，但大多着力于解决单一问题，各政策间的相互补充、相互衔接与相互配套能力不足。

第三，因地制宜地制定地方科技税收优惠以适应当地经济发展的制度性约束还需改革与探索。

2. 研发环节的税收优惠政策出台较少

科技创新及其商业化运用周期长、投资大、风险高，出台税收优惠政策以增强经济行为主体的创新动力非常重要。现行的高新技术项目，税收优惠相对集中在生产和销售环节，研究开发阶段的税收激励措施相对较少。对技术转让、技术服务、技术咨询和技术培训等方面的收入减免所得税政策或免征营业税的范围主要适用于已具备科技实力的高新技术企业；那些技术落后和急需进行技术更新的企业的科技开发活动却无法享受税收优惠。这种过于关心结果而不是过程的税收制度设计，不利于更高广泛的企业提升科技创新能力。

3. 生产型增值税制对产业结构调整与科技创新的激励导向作用不足

生产型增值税制存在鼓励传统产业发展，抑制高技术产业发展和技术创新的内在机制。

第一，由于从事技术创新和高新技术企业的资本有机构成普遍较高，因此固定资产所含税款无法抵扣，企业税负相对较高，抑制企业适时进行设备的更新改造。

第二，因为无形资产和开发过程中的智力投入不能享受全额抵扣，因此无法将企业购买专利权及非专利技术之类的无形资产纳入增值税抵扣范围，从而增大了以这类投入为主要成本的高新技术产业降低产品成本的难度，在一定程度上抑制了该类产业的发展。

第三，即征即退的优惠政策覆盖面窄、环节单一、优惠力度小，多适用于软件产业、集成电路产业和动漫产业，不利于其调动其他产业进行创新活动的积极性。

第四，依据现行的增值税条例，大多数中小科技企业无法得到因创新而采购材料和机器设备的抵扣进项税优惠，压制了其创新积极性。

4. 强调事后利益让渡的税收优惠政策对企业创新的引导作用较弱

目前，科技创新的主要税收优惠多属直接优惠，主要强调事后利益让渡，如降低税率和减免税等，而无法有效引导企业所进行的技术改革和科研开发等事前科研。并且，从加速折旧的适用范围与力度、设备投资抵税的优惠范围与幅度、R&D 费用加计扣除的优惠幅度、对高新技术企业职工教育费的扣除给予的特别优惠程度来看，现行的一些税收政策对企业从事技术改革和科研开发的引导和激励作用还需加强。

5. 对科技人员的个人所得税优惠不足和缺乏严重影响创新的积极性

第一，针对高新技术人员的个人所得税优惠不足。例如，对部分政府和企业颁发的重大成就奖、科技进步奖等征收个人所得税挤压了科技人员的创新收益，压制了他们从事创新活动的积极性。

第二，针对高科技人才从事创造发明和科技成果转让的收益税收优惠缺乏，也严重影响他们的积极性。

第三，个人向高新技术企业投资获取股息、利息等资本利得时，没有体现相应的税收优惠。

第四，高科技从业人员所承担的高层次教育投入的外部性成本在从事创新活动中得不到相应的税收优惠补偿。

（三）夯实转变经济发展方式科技创新支撑力的税收政策改革思路

1. 加快科技税收立法，为促进科技创新奠定坚实的法律基础

整合现有关于促进科技创新的税收政策，要根据满足和规范创新市场需求和解决创新过程中存在的问题为主要目标，通过在研发、技术转移和扩散、市场运作等环节加强税收立法建设，为促进科技创新奠定坚实的法律基础。一方面，一些相对成熟的条例、法规需要创造条件尽快实现单独立法，提升科技税收的法律效力；另一方面，赋予地方政府一定范围和限度的税收立法权，促使科技税收政策更加紧密地服务于经济发展战略。

2. 增强税收对科技创新与发展方式的激励功能

税收改革与优惠政策的实施会改革经济行为主体从事创新活动的游戏规则和运行成本，从而对创新投入的积极性产生重要影响。例如，加大对企业自主创新的税收激励，引导高新技术企业将减免的所得税和研发费用所享受的应纳税所得额的减除部分用于研发创新活动，增强企业加强科技投入的经济内生动力。又如，在生产、试运行阶段，政府可通过提供一定的税收优惠鼓励企业加快推动高新技术产品的试生产或新技术的试应用，缩短新产品和新技术进入市场或进一步扩大市场规模的时间周期，可提升企业的创新收益。

3. 促进税收优惠政策与产业结构的调整与升级相协调

一是缩小税收优惠政策的实施范围。坚持“有所为，有所不为”的原则，根据产业结构调整与升级的方向和落实国家产业发展规划的要求明确税收优惠的重点，将有限的税收优惠优先运用到急需发展的行业与领域，特别是科技制高点领域，实现税收政策资源效能的最大化。

二是着眼于产业结构调整与升级的动态过程及推进需要，适时调整科技税收优惠政策，对不同产业建立税收优惠政策的介入、调适、退出机制，保证税收扶持政策体系层次分明、重点突出、整体协调的多元化。

三是调整不同行业出口退税政策力度，促进高技术含量、高附加值产品出

口导向模式的形成，优化进出口贸易结构。

4. 调整税收促进科技创新的政策激励的重点方向、环节、方式和对象

一是调整税收促进科技创新的政策激励重点方向。中央主要负责对基础科学、国家重点技术开发和主导性产业给予税收支持；地方政府则偏重于扶持效益较为明显、对地方经济发展带动或推进作用强的技术开发项目。

二是调整税收促进科技创新的政策激励重点环节。我国应将税收优惠的对象从企业调整为重大技术项目；将企业税收优惠的重点从具有竞争优势的成熟期企业调整为初创期的科技企业；将技术创新项目的税收优惠重点从生产销售环节调整为研究开发环节。

三是调整税收促进科技创新的激励重点，从直接优惠为主调整为间接优惠为主，逐步形成"政策引导市场，市场引导企业"的有效优惠机制。

四是调整税收促进科技创新的政策激励重点对象，提高对中小科技企业的税收优惠力度。

由于科技型中小企业很难享有现有的税收优惠政策，致使其实际税收负担不能有效缓解和抵消，不利于其提高科技创新的积极性，促进企业所有制结构和企业组织结构的优化，影响经济发展方式的转变。事实上，中小科技企业才是推进技术创新的主力军，而且为市场提供了大量的就业岗位，所以应该将制定税收扶持政策的重点定位为科技型中小企业。例如，针对中小型科技企业风险大、寿命短、融资难的特点，对愿意为中小企业发放贷款的金融机构，或对中小科技企业开展风险投资的机构提供相应的税收优惠以调动其贷款或投资的积极性。

5. 增强对高科技人员参与创新活动的税收激励力度

科技竞争的核心是人才竞争，不断壮大科技人才队伍和提高领军人才的业务水平是推进科技进步和转变经济发展方式的根本。对科技人员从事创新活动提供税收优惠可极大调动其投身技术创新的积极性。我国可根据转变经济发展方式，特别是产业结构高速与升级的需要，对在急需行业、急需产业、急需产品和急需技术方面的从事创新活动的科技人才加大税收激励力度。

(四) 夯实转变经济发展方式科技创新支撑力的税收政策构想

1. 改革完善增值税制度

一是扩大增值税征税范围。逐步扩大营业税改增值税的试点，将与转变经济发展方式密切相关或在社会生产运作体系中不可或缺的产业陆续纳入增值税征收范围，通过允许抵扣各类进项税额，帮助企业降低生产成本，促进企业积极开展科技创新。

二是扩大退征和免征增值税的适应范围。对国家产业政策所重点支持的新产品、新技术、新工艺，尤其是高技术含量、高市场占有率、高附加值、高创汇且对全国经济发展有重要影响的产品项目，可给予研制企业 3~5 年在缴纳增值税方面先征后返的税负优惠。对高附加值技术产品的外贸，提高出口退税率。

三是降低一般纳税人认定标准，重点倾向于扶持小型高科技企业初创期的过渡，推动代表产业发展方向的科技产业成长。

2. 建立完善所得税优惠政策

第一，允许高新技术企业扩大加速折旧范围，对其先进设备和因研发活动购置的生产设备等，实施加速折旧；通过简化加速折旧手续和免扣除残值等手段，帮助企业提高创新所需设备、资产的更新速度。

第二，增设专门鼓励高新技术企业的抵免政策，增强高科技企业所得税前扣除的优惠力度，提高企业再投资的积极性。如准予将风险准备金、技术开发准备金以及新产品试制准备金等进行税前扣除；实行投资抵免政策鼓励科技开发投资；对因自主创新所采购的进口机器设备予以免税等。

第三，完善风险准备金制度。鼓励高新技术企业按比例计提包括技术开发、新产品试制以及亏损等高风险准备金等；放宽计税结算期限的界定，帮助亏损及微利科技企业提高抵御风险的能力。

3. 对高科技工作人员实行个人所得税的优惠政策

例如，对高科技人员的技术成果转让和服务收入实行减免税；对高科技人员所获得的各类科研奖金及特殊津贴免税；适当调高科技人员的工资薪金收入的扣税标准；对高科技人员股权股利所得免税；善待为我国企事业工作达到一定年限的外国专家，对其收入进行个人所得税优惠。

4. 调整进出口税率优惠、优化关税结构、促进科技创新与经济发展方式转变

对自主创新产品予以减免增值税，对自主创新产品出口实行零税率。在检测提高“中国制造”声誉的同时，对进口商品坚持严格的技术检查和市场准入标准，并灵活使用反倾销等贸易救济手段，主动保护国内市场，为促进产业升级换代提供有利的国内市场环境。

（五）加强管理制度建设，确保税收优惠政策有效落地

一是建立科技主管部门、财政部门和税务部门合作与协调的长效机制，通过公示公告、投诉处理、日常检查等措施加强过程监管，确保税收优惠政策的实施公开、公平、公正。

二是严格税务部门执法，加大对滥用科技税收优惠单位和个人的惩处力度；杜绝人为降低或抬高优惠幅度，防止滥用税收优惠给国家带来损失和造成经济秩序混乱。

七、加快科技创新支撑转变经济发展方式的金融改革

金融和科技的有机结合是推动科技开发、成果转化、产业调整和优化的加速器，是实施创新驱动发展战略、推动经济发展方式转变的必然要求。科技创新活动具有高风险、高投入、外溢性强的特征，在一定程度上制约着创新者的积极性。当前，金融在我国经济发展中的地位越来越明显，大力推进科技金融体系建设，进一步深化金融体系的改革，实现财富创造方式的转变和升级，提升科技创新对转变经济发展方式的支撑力势在必行。

（一）存在的问题

《国家中长期科学和技术发展规划纲要（2006—2020年）》发布以来，我国金融创新对科技创新支撑经济发展方式转变的功能稳步提升，在制度完善、市场建设、运行机制优化、措施创新、保障体系建设等方面都取得了不少成就。但值得注意的是，在实践中仍然存在一些不足。以科技创新支撑经济发展

方式转变与发达国家相比还存在较大差距。

1. 金融服务科技创新的能力不能满足市场的实际需求

一是金融创新产品不足或面临运行瓶颈。例如，基于人才缺乏、有关中介机构服务功能薄弱和公信力不足等原因，科技保险、科技担保、专利质押等科技金融产品发展速度缓慢，不能满足科技型企业发展的融资需求。

二是政策性银行服务科技创新的市场定位依然缺失，并且服务科技创新的动力和力度也不足。

三是缺乏有效的科技创新增信机制。由于担保规模限制，高额的担保费和保证金等都带来企业的融资成本提高的压力。

四是基于制度不完善、风险评估标准不统一、知识缺陷等原因，民间资本投资科技创新和成果转化的积极性不高。

五是部分制度不合理导致金融服务科技创新的能力降低。例如，中小企业获得的流动性资金贷款往往面临的到期倒贷问题，最大限度地提高了融资成本。此外，烦琐的贷款流程也使企业临时性、紧急性的资金需求无法有效满足。

2. 多层次资本市场尚不成熟，难以对以科技创新支撑经济发展方式转变发挥有效支撑效用

成熟的多层次资本市场需要为高新技术企业和高成长企业提供高效便捷的融资渠道，为投资人的创业投资、天使投资和风险投资提供相对多元和便捷的退出机制。然而，与欧美发达国家相比，我国多层次的资本市场发展相对滞后。直到 2015 年，我国非金融企业境内以股票融资和企业债券融资为主的直接融资占比仅为 25%，规模不够，金融对科技创新的支持仍然以间接融资为主。我国多层次资本市场发展相对滞后，一些金融产品的创新力度不够或落地效果不明显。例如，科技信贷、科技担保、科技保险、知识产权质押等尚处于探索试点阶段，运行效果尚待进一步考证。

3. 现行的金融制度仍不能完全适应以科技创新支撑经济发展方式转变的要求

科技创新的风险性、不确定性与资产抵押能力弱等特征，与现行商业银行稳健经营原则出现了激励不相容的矛盾，导致商业银行支持科技创新的积极性不高。一些科技型中小企业也存在财务信息不透明、管理水平不高等问题，导

致银行无法准确评估企业资信情况，出于对风险的容忍度考虑，银行不太愿意向其发放贷款。作为中小企业和高成长企业直接融资的重要渠道，新三板市场逐渐成为我国资本市场创新体系的强劲发动机，但进入门槛高、交易条件苛刻、股票流动性不强。新三板的分层管理机制也处于起步阶段，有待进一步发展，对中小企业和高成长企业的支持能力还有待加强。

4. 金融创新对企业研发投入阶段和初创期的扶持力度不够

基于高风险、轻资产、收益不确定、信用历史缺乏、风险分担机制尚不完善、现有法律法规限制、风险与收益不对称等原因，金融机构对于种子期项目或初创期企业投资的积极性不高。创业投资历经 20 多年发展，投资总额与机构数量都迅猛上升，对互联网、通信、IT、医疗健康等行业的快速发展做出了突出贡献。然而，出于控制风险的考虑，以风险投资、创业引导基金等为主要形式的金融创新对企业研发投入阶段和初创期的扶持力度还远远不够。

一是风险投资机构国办官管特征明显，投资主体多由政府相关部门主导成立，调动的民间资本和外国资本的能力较弱，对风险投资的运作和风险控制能力有限。

二是创业投资的退出渠道较为狭窄，投资收益的不确定性强，影响了对创业投资的积极性。

三是风险控制手段还需完善。尤其是对科技型产业的创业投资，来自技术、市场和制度的多重风险相互交织，创业引导基金很难通过组合投资或风险对冲来分散风险，也无法通过不同阶段的项目投资实现滚动发展，市场化运作程度弱。

四是风险投资者的专业化水平不高，激励与约束机制缺位或不到位，易发生道德风险。

五是科技投资基金的市场化运作机制、评价体系以及监督约束机制等还有待进一步规范。

5. 懂金融与科技的专业人才匮乏，制约着以科技创新支撑经济发展方式转变的金融创新举措有效落地

例如，商业银行金融人才众多，但熟悉新兴产业和科技型企业产业发展与运作规律的专业人员较为匮乏。他们在项目尽调、贷款审核、抵押物评估、贷

后管理等方面经验储备不足，严重影响金融部门对科技型企业贷款的积极性。

6. 科技与金融、科技与产业、科技与结构调整的融合度不高，“两张皮”现象突出

科技与金融的深度融合是当今经济发展的重要特征。然而，这两个领域分别有各自发展的规律，并且之间存在一定的矛盾。当前，科技领域不懂金融语言，金融领域不清楚科技规律的现象普遍存在，导致科技与金融融合的深度不够，科技与金融“两张皮”问题严重。科技创新活动具有高度的不确定性，金融领域却更关注资金投入的安全性。重点关注点的不同，导致科技与金融的融合在实践中可能产生矛盾。金融资本参与企业科技创新活动的积极性不高，导致大量创新活动因不能纳入金融体系而成长缓慢，甚至夭折。金融配合国家产业政策和区域发展政策的力度不够，对引导产业发展、产业结构和区域结构的调整效果也需要进一步增强。

此外，还存在科技和金融部门之间信息不对称，政府在科技金融、产业金融和区域金融工作中的整体部署和联动不够，科技投融资政策体系还不够健全等问题，也在较大程度上影响了以科技创新支撑经济发展方式转变。

（二）金融改革的对策

随着经济初步迈入创新驱动发展阶段，通过系统推进金融改革，进一步夯实经济发展方式转变的科技创新支撑力，对走出经济结构调整期，巩固已取得的巨大经济成就，抓住世界新一轮经济发展周期带来的机遇，保持经济持续、稳定和健康发展至关重要。金融业要把握好经济转型升级面临的新机遇，积极打造金融、产业与科技三链融合的“创新生态链”，充分发挥国家赋予金融改革创新先行先试政策，在支持科技创新支撑经济发展方式转变上发挥更大的作用。

1. 深化金融改革，增强金融服务科技创新与发展方式转变的实力

（1）完善多层次资本市场融资的市场体系。一是鼓励企业上市融资和已上市企业再融资和进行并购重组，支持有条件的高新技术企业走出去到境外证券市场上市融资。二是根据条件发展非银行交易市场、发行中小企业集合债、试点开展中小微科技企业保理业务和融资租赁业务，为中小微科技企业提供切

实有效的服务。三是鼓励投资银行的发展，提升对高科技企业的投资积极性。四是大力发展地方性中小金融机构，特别是中小银行，解决中小企业科技创新融资的难题。五是优化创业投资引导基金的效用，积极筹建多种类型的科技投资基金以帮助科技型中小企业和高成长企业的发展。

（2）推动金融手段创新。利用“财政补贴 + 商业保险”的运作方式降低高科技企业在初创期所面临的诸多不确定风险。通过发放创新券增强公共财政资金支持中小企业创新的积极性。积极开展移动金融创新，推动移动金融科技服务的信息化处理水平，大力支持金融机构利用云计算、移动互联网、大数据等技术手段，提高金融服务效率，拓宽普惠金融服务范围。加强金融安全和可信的服务管理系统建设，组织银行通过移动安全芯片推进空中开卡、空中圈存、手机非接支付、有卡在线支付、“院线通”等新技术手段的应用。

（3）加快民间金融发展。规范民间金融的发展，建立科学、合理的民间金融监管机制，引导民间资金与股权、债权投资或以众筹款的方式有序、有度地参与到企业的科技创新活动中，使之成为支持技术创新和中小企业发展的重要力量。在机会合适的情况下加快合作金融组织建设。

（4）加强金融人才的引进和培养。提高金融从业人员的待遇，加强对高端金融人才的引进力度，并为其提供良好的生活环境和工作环境，使之能引得进、留得住、干成事。设立用于培养金融人才的专项资金用于科技创新支持的急需专业人才的引进与培养。加强企业与高校的合作，双方可互派人员到对方单位进行学习与实践。鼓励大学生进企业实习，争取培养一批既懂现代金融，又熟悉现代科技型企业产业运作规律，掌握深厚专业知识的高级应用型金融人才。

（5）强化金融支持体系的保障机制。第一，政府应逐步完善科技创新风险的补偿机制，成立专门扶持和发展科技项目的基金，提高补偿额度，对大型科技企业的间接融资给予适当的货币补偿。第二，加强金融监管立法，强化执法部门的执行效率，加快金融案件的侦破速度，确保债权人的利益。第三，整顿和规范问题突出的金融机构，督促金融中介机构提升服务质量，确保金融市场的健康发展。第四，加快金融诚信、网络征信和信用评价体系建设，保护金融市场供求双方的合法权益，完善多元金融消费纠纷的解决机制。第五，加强风险监管。定期监测相关单位的剩余风险，跟踪已识别风险的情况变化，掌握情况变化带来的新风险，关注风险产生原因和可能导致的后果。完善风险评估指标体系，加强风险度测评，适时调整风险应对方案，建立重点监控风险清单，对特定风险进行预警。

（6）加强科技金融的立法及制度建设。加强科技金融的立法建设，规范科技创新主体和金融主体的行为，防范金融骗局。针对科技与金融融合发展面临的重大矛盾和突出问题，进一步完善金融支持科技的政策体系。加强金融执法能力建设，确保政府意图能贯彻落实到位。

2. 深化金融与科技的融合发展，加大对创新型经济的金融支持

一是加强政策业务指导，明确工作要求。制定和完善金融业促进创新驱动发展相关政策，指导金融机构通过业务创新，如开展知识产权质押融资、科技补贴贷和科技成果转化贷、供应链金融、IPO 综合金融服务等综合性金融服务，支持科技创新型中小企业做大做强。

二是加强部门联动，深化银企对接，引导金融机构加大对科技企业的投入力度，推动科技金融创新试验区建设，推动金融高新技术服务区发展。

三是推动搭建科技金融专业化服务平台，成立科技信贷专营机构，为科技型企业提供综合性、专业化金融服务。

3. 深化银企合作，促进金融与产业融合发展

以支持地方经济发展作为重点，以银企对接为手段，促进金融与产业实现良性融合，引导金融机构加大对先进制造业、战略性新兴产业、现代服务业以及产业转型升级、企业技术改造、城镇化等领域的信贷支持，支持地方特色经济、重点领域和重点骨干企业做大做强。通过金融支持增强企业“走出去”和“引进来”的能力，改变进出口贸易结构，实现外贸发展方式的转变。加强金融机构对发达的专业市场和比较成熟的产业转移园区的产业集群和产业链上下游中小企业的金融支持。积极开展融合金融、科技与产业发展的创新试点，完善知识产权、商标权等适合科技型创业发展的投融资机制，增强金融机构对扩大重点领域和关键环节的金融支持能力。依托区域股权交易中心平台，探索开展非上市公司分类挂牌与交易，提供专业辅导，推动与金融机构合作，提供政策配套，建立风险共担机制，引导非上市公司完善法人治理，实现规范

经营，增强金融资源配置能力，促进企业做优做强。推动探索民间借贷信息及交易平台建设，促进民间借贷规范化、阳光化，引导民间资金支持实体经济发展，有效监测和管控民间借贷风险。

4. 以金融创新促进经济发展结构的优化

综合利用和互相协调股市、债券、网贷、众筹、信贷等多条融资渠道，推动金融产品创新，提升对产业链条上不同企业，尤其是战略性新兴产业和高新技术企业提供精准金融服务。指导金融机构做好对未来发展可能产生深远影响的重大技术突破的金融服务。对于处于供给侧改革核心的周期性产业、传统支柱产业，可利用“投资银行”功能，积极创新金融支持方式，加快企业技术改造升级的速度，减缓转型阵痛。

5. 以城乡、区域的金融统筹推动区域经济协调发展

大力支持地方法人金融机构做大做强，支持各类要素市场和交易平台发展，建设区域金融中心，增强金融市场要素的聚集能力和对实体经济的拉动力和影响力。加快形成金融发展产业带建设，引导发达地区金融机构到相对落后地区拓展市场和开展业务。积极推动县域金融改革创新，逐步建立多层次、广覆盖、低成本和高效率的农村金融服务体系，探索推动农村金融改革发展新方式。进一步完善相关政策措施，提升对就业创业的金融服务水平，支持大众创业、万众创新。

第十三章　转变经济发展方式视角下我国科技创新的实证分析：以重庆为例

作为中国西部地区的重要发展极，重庆科技创新对经济发展方式转变的支撑作用进一步增强。科研领域原创水平稳步提升，一批科研成果已成为调结构、惠民生的重要支撑点，中青年科技人才队伍迅速成长，企业逐渐成为技术创新的主体，已成为重庆经济社会发展的助推器。本章以重庆为对象，重点对科技创新支撑经济发展方式转变存在的问题、主要任务以及政策与措施进行梳理，对其改革与实践经验进行提炼与总结，以期为国家及其他省（自治区、直辖市）加快推进科技创新支撑经济发展方式转变提供参考。

一、重庆以科技创新支撑经济发展方式的四大难题

在全面建成小康社会的关键时期，重庆在迈向创新“新高度”，推动加快经济发展方式转变的新征程中，主要面临四大难题。

（一）创新型人力资源短缺

2016 年，重庆的区域创新能力综合指标和综合科技进步水平指数已排全国第 8 位，处于中西部地区的前列。但是，即使与四川和陕西相比，重庆从事科技创新活动的高端人力资源仍相对短缺，科技人才队伍大而不强、领军人才总量偏少的问题较为突出。科研后续人才缺乏，本地人才成长困难，导致创新人才队伍整体短缺。在产业界，高技能人才、创新型企业家群体稀缺，高技术

企业和高成长性企业偏少。高端创新型人力资源稀缺，严重制约着重庆科技创新能力的进一步提升。

（二）创新载体较为欠缺

在重庆的 72 所高校中，重点高校仅有两所，有研发能力的高校数量占比不高。科研院所较少。重庆没有中科院的分支机构，几乎没有大院大所。世界 500 强企业的研发中心在重庆落户的也很少。

（三）创新成果转化率低

重庆创新成果转化率低与各创新管理或实施主体本身的特点和相互之间联系渠道不畅通有关。政府部门掌握着相对充裕的资金但市场意识和创新的技术支持相对缺乏；学校理论水平强、实验条件优越但相对缺乏市场意识和研发资金支持；企业有市场却缺乏创新所需的系统理论指导和研发资金投入。由于不同创新主体之间的联系渠道并不十分畅通，成果转化衔接并不十分紧密，导致创新成果转化率较低。例如，一些优秀的高校科研成果缺乏试验环节，企业出于风险担忧吸收与运用新技术、新方法与新工艺的积极性不高。

（四）创投融资体系待完善

融资环节是创新型企业改进创新成果或者上市运作的重要环节。创新型企业面临的最大制约来自资金问题。尽管重庆已出台为数不少的融资政策，但是政策落地的意愿和效果并不理想，促进创、投、融资体系健康发展的政策体系尚需大力完善。例如，与其他传统企业相比，创新型企业可用于抵押贷款的实物资产并不多，其最值钱的是知识产权。重庆政府虽出台知识产权抵押担保贷款政策并大力推进之，但基于知识产权评估的价值高低、参照物是什么并没有一定的标准，知识产权的评估程序烦琐，国内知识产权交易市场不完善等原因，导致知识产权抵押的风险较高。银行出于对自身的风险考虑对知识产权抵押的认可度和支持度并不高。创新型企业的产品也多处于不成熟期，获得风险投资公司的投资难度也较大。

二、重庆以科技创新支撑经济发展方式转变的总体思路与六大突破口

重庆高度重视以科技创新支撑经济发展方式转变。早在“十二五”时期，重庆就对科学技术和产业发展相互融合、相互促进提出了统筹安排、协调部署的系统方案。一是在指导思想上强调“科学发展”，不仅要求以科学的创新方法与手段支撑经济发展方式转变，也强调注重科技工作本身的科学发展。二是在目标任务上强调“顶天立地”。“顶天”要抢占科技经济的制高点，“立地”要以“区县发展、产业发展、改善民生、创新能力建设”四大科技示范工程为抓手落实提高科技创新对经济发展方式转变的支撑能力。三是在工作推进上坚持“突破重点”，即着力于核心区开发开放、战略性新兴产业发展和“两翼”农户万元增收等重大战略部署重点规划，以科技创新促进经济发展方式转变的落地方案。四是在发展保障上突出“创新机制”，不仅着力于抓好创新资源和成果的投入、联动发展、综合激励等机制的完善工作，也致力于推进科技成果评价、科技金融改革试点、科技型重点产业集群发展等关键领域的改革。

“十三五”时期，为提高科技创新对转变经济发展方式的支撑能力，重庆围绕“扩内需、促增长、调结构、惠民生”的主线，坚持科研与产业互动、创新与服务并重，进一步突出重点，提出了以科技创新支撑经济发展方式转变的六大突破口。

一是科技资源配置效率取得新突破。具体对策包括：深化科技管理体制改革；创新科技计划实施模式与管理手段；规范科技经费使用方式；大力培养科技人才。

二是科技与经济融合发展取得新突破。具体对策包括：以“重大科技专项行动”提升产业科技创新水平；以“科技富民强县行动”加快县域经济发展；以“科技服务民生行动”助力社会发展进步；以“科技平台提升行动”增强科技发展后劲。

三是推动产、学、研、用结合取得新突破。具体对策包括：强化企业的创

新主体地位和自主创新能力培育；增加大学与科研院所研发成果的供给水平；提高科技成果转化和实现产业化的效率和效益；改革科技创新的金融服务。

四是扩大科技开放取得新突破。具体对策包括：积极引进和利用国内外创新资源；提高科技资源与成果的共享水平；深入推进校校、校企、校地协作创新；加大国际间的科技交流与合作。

五是增强科技工作公信力取得新突破。具体对策包括：营造良好的创新环境；完善科技政策法规体系；增强知识产权创造、保护、运用和管理的能力；加强科技管理基础工作和信息平台建设。

六是提升区县科技工作显示度取得新突破。具体对策包括：以完善科技特派员制度为抓手实现工作的重心下移；加快推动科技资源“下乡、入园、进企”以推进区域科技创新能力的平衡发展；加强对区县科技创新工作的指导和服务。

三、“五轮联动”提升重庆研发投入综合绩效

研究开发能力是重庆科技创新体系的重要组成部分，是服务于全市科学研究和企业技术创新的基础条件和资源保障。在研发活动中，经费投入是确保各项研发活动顺利开展的前提。重庆市委、市政府高度重视研发投入能力建设，不仅明确提出各发展阶段为促进创新驱动所需的研发投入定量指标，构建研发投入经费稳步增长机制；而且通过完善体制机制提高研发费用的综合使用效率，制定政策激励各创新主体从事研发活动。重庆以科学发展观为指导，以转变经济发展方式为主线，通过“五轮联动”提升研发投入综合绩效所做的努力，促进了经济与科技融合深度化、集成化，有力地提升了科技研发对经济增长的支撑力，为把重庆建设成为创新型城市，尽快形成国家重要的战略性新兴产业基地，基本建成长江上游的科技创新中心和科研成果产业化基地，完成融入经济主战场，促进创新驱动构筑了强有力的保障。

（一）稳步提升研发投入经费，增强实现创新驱动的要素供给力

重庆市委、市政府高度重视对研发投入的支持，多次在各种文件中强调确

保科技经费增幅高于财政经常性收入增幅、提高研发投入占地区生产总值的比重。在一系列文件的推动落实过程中，重庆研发经费投入增长经历了跨越式提速，为实现创新驱动提供了有力的要素供给支撑。2010 年，重庆研发经费支出增长 26.2%，首次突破百亿元，成为西部地区第三个 R&D 经费支出超百亿元的地区；在全国 31 个省区市中排第 17 位，比 2009 年上升 3 位。从研发经费的增速看，重庆 2010 年研发经费支出增长速度比全国平均水平高 4.5 个百分点，在全国排第 6 位。2012 年，重庆 38 个区县科技研发投入达 1.5 亿元。2015 年，重庆在“十一五”基础上实现研发投入“翻两番”，全社会研发投入占地区生产总值的比重达 2.2%。为应对产能过剩和走好新型工业化道路，重庆市委、市政府更加注重工业的内涵式发展，一方面，大力改善工业投资结构比例，使研发投入、技术改造与基建投入的比例由目前的 0.8∶2.2∶7 逐步调节至 1∶1∶1，达到 1000 亿元；另一方面，加大工业研发投资强度，使该指标由 2011 年的 0.83%提升到 2015 年的 1.2%。通过不断强化创新和加大研发投入，一些传统企业，如重庆四联集团通过提升研发投入比例起死回生，重新获得未来竞争制高点；全市的工业制造基础能力、新产品开发能力与品牌创建力明显提升，重庆与先进国家和地区的工业装备水平差距大大缩小。

（二）强化政府研发支持资金的引导作用，构建多元化、多渠道的研发投入体系

近年来，重庆市委、市政府在确保科技经费增幅高于财政经常性收入增幅、研发投入占地区生产总值的比重在 2015 年提高到 2.2%的同时，通过制定政策强化政府研发支持资金的引导作用和杠杆效应，在建立以政府投入为引导、企业投入为主体、社会资本广泛参与的多层次、多元化科技投入体系上做了许多卓有成效的探索。

一是在目标层次上，提出通过 1∶10 的杠杆比例使政府投入企业的 100 亿元研发投资引导对全社会研发投入 1000 亿元的目标。

二是以新材料、新工艺、共性技术、先导技术、关键核心技术和技术集成、战略性新产品为主要研发对象，适应研发项目推进阶段，有序引导个人资金、创投资金、私募资金参与技术创新投入力度，切实缓解研发过程中可能遇

到的资金瓶颈。

三是建立政府资金与创投资金联动机制，通过阶段参股、跟进投资、投资保障和风险补助等方式，吸引境内外股权投资基金、社保基金、保险公司等投资机构在重庆市开展创业投资业务，促进研发成果的产业化转化和运用。

（三）确立企业技术创新主体地位，立足现代产业体系优化研发投入资金配置

企业技术创新主体地位的形成是实施创新驱动的核心环节之一。重庆市委、市政府高度重视培育企业技术创新投入的主体地位。早在 2006 年，重庆企业平均 R&D 经费投入已占销售收入的 1. 18%，高于 0. 76%的全国平均水平，居西部第一。全市企业研发经费投入占全市研发经费投入的 74. 6%，高于全国 68. 3%的平均水平。党的十七大后和“十一五”期间，重庆出台了多项促进企业技术创新投入主体地位形成的文件，提出了明确的阶段性推进定量目标。如 2012 年使企业研发费用支出占全市研发费用支出的比重达到 88%，规模以上企业新产品产值达到 2100 亿元；2012 年使企业研发费用支出占全市研发费用支出的比重达到 90%，规模以上企业新产品产值达到 3000 亿元。

近年来，随着重庆市委、市政府推进新型化道路，推动工业内涵式发展，除了对研发投入水平和企业研发投入强度作了要求外，还从战略角度立足于构建现代产业体系优化对研发投入的配置力度，推动产业结构的调整与升级。

一方面，围绕高端化、集约化、品牌化的目标，以市场需求为导向，结合《中共重庆市委重庆市人民政府关于推进新型工业化的若干意见》中培育的战略性支柱产业所要求技术创新开展项目研发。规划打造具有国际竞争力、引领产业发展的 100 家产值过 100 亿元的创新型领军企业，力争使战略性新兴产业占工业总产值的比重达到 40%，大大提升重庆经济可持续协调发展的牵引力。同时，以之为核心延伸创新产业链条，创建 10 个左右的创新产业园区和产业集群，使之研发投入占全市研发投入总量的 80%。

另一方面，注重发挥中小企业的创新力量。重庆现有 26. 9 万户中小企业创造了约 60%的发明专利，但其在发展初期往往面临多重困难，尤其是资金的困难。为此，重庆早在 1992 年就成立了科技风险投资公司，以扶持科技中

小型企业发展。2008 年，市政府又出资 10 亿元设立科技风险投资引导基金，以 1∶4 的杠杆率吸引国内外社会资本和创投机构聚集重庆，初步形成一条覆盖初创期、成长期、扩张期企业的股权投资基金链条。它们为重庆培育了 1 万家科技型中小微型企业，重点建设 100 家面向中小微型企业服务的技术创新中介服务机构创造了良好的条件。

（四）持续释放制度红利，充分挖掘研发经费渠道和激励研发活动

科技研发创新离不开制度创新的支持。近年来，重庆市委、市政府围绕降低成本、加大扶持、扩大研发资金筹措渠道和控制风险四方面着力于挖掘研发经费来源和激励研发活动，出台了一系列政策，有力地调动各研发主体加大研发投入的积极性。

在降低成本方面，出台了鼓励企业加大研发投入的一系列税收优惠政策。如加大企业研发费用税前抵扣力度①，企业在大学或科研机构设立实验室实行税前抵扣；公民将个人收入用于政府重点鼓励的产业技术创新领域实现税收激励，公民个人按照合同转让或租赁专利、技术秘诀或新工艺收入实行个人所得税奖励等。

在加大扶持方面，一方面，对符合国家和重庆市政府支持的重点研发项目，通过提供信贷支持、知识产权权利质押业务试点、融资担保、引入风投基金和推动上市融资等手段拓展金融扶持渠道，加大支持力度；另一方面，通过财政补贴、贷款贴息等手段激励各创新主体参与研发投入的积极性，如制定促进中小微型科技企业及其服务支撑机构发展的资本金补助等财税激励政策。

在扩大研发资金筹措渠道方面，一方面，加强企业自身研发资金的积累力度，如从企业销售收入中按比例提取企业技术创新准备金；另一方面，通过建立研发扶持基金、引进风投基金、推动高成长性的研发性企业上市融资等金融

---

① 如 2006 年出台的《重庆市技术创新和奖励办法》规定：新产品收益可将地方留成增值税的 60%返还给企业用于技术开发。在 2008 年制定的《重庆市人民政府关于鼓励企业加大研发投入提高自主创新能力的意见》中规定：一个税务年度内，对财务核算制度健全、实行查账征税的企业（含内外资企业、科研机构、大专院校等），为开发新技术、新产品和新工艺发生的研究开发费用，未形成无形资产计入当期损益的，在按规定据实扣除的基础上，按照研究开发费用的 50%加计扣除；形成无形资产的，按照形成无形资产成本的 150%摊销。

手段拓展资金来源。

在控制风险方面，主要是制定分散和降低风险的政策调动各创新主体参与研发投入的积极性，如允许创业投资机构按照一定比例税前提取风险准备金。

（五）加强研发投入统计与绩效考核，督促研发投入目标任务分解落实

除了制定政策引导和激励企业加强研发投入外，重庆市委、市政府还从统计和绩效考核的角度加强管理，确保研发投入的目标任务得以分解落实。

一是加强督促对重庆市区县企业研发投入情况统计数据的填报，开展企业研究开发费用投入情况的分析评价，及时为政府制定相关政策提供参考依据。

二是市经济和信息化委员会每年将企业研究开发费用支出、新产品产值等目标任务分解落实到相应区县（自治县）人民政府、企业主管单位和控股集团公司，并加大协调督促力度，确保相应目标任务能够实现。

三是将企业研发投入强度纳入区县（自治县）人民政府的工作绩效、国有及国有控股企业领导的年度考核和任期考核的主要内容，并作为相关财政专项资金引导支持的重要依据。

四是强化奖惩，以市政府名义及时表彰研发投入成效明显的区县（自治县）人民政府和先进企业，调动它们支持加大研发投入、加强技术创新的积极性。

四、加强自主创新能力，夯实重庆科技创新对经济发展方式转变的支撑力

“十一五”规划把提高自主创新能力放在重要位置。自主创新能力是保持发展的核心竞争力优势的重要保障。中央计划把重庆建设成为长江上游科技创新中心和科研成果产业转化基地。重庆要应对国际金融危机的冲击，适应经济新常态的变化，提振经济发展能力及发展后劲，就必须增强自主创新能力，进一步发挥科技对经济发展的支撑和指导作用，推动经济发展方式转变。

在市委、市政府的重点打造下，重庆各产业自主创新能力和绩效实现了“双提升”，科技引领和支撑作用实现了“双强化”。近年来，重庆发明专利授

权件数同比增速较快，综合科技进步水平保持在全国中上水平，产业发展的关键性技术拥有数百项。通过一系列科技创新，重庆科技创新成就明显，已成为全国最具创新力的城市之一。

但是，我们也应看到重庆在自主创新能力方面存在的差距。目前，重庆对外技术依存度较高，科技进步贡献率与发达省市相比还有较大差距。总的来看，重庆在增强自主创新方面还存在以下突出问题：一是企业的技术开发经费投入总量不足，投资分散、重复研发。二是关键技术自给率低，发明专利数量少，原始创新能力不足。三是在已发布专利上进行二次创新能力不强，未真正转变成为有竞争力的技术创新主体。四是确保自主创新的政策障碍和体制障碍仍然存在，促进自主创新的激励机制和市场技术依然缺乏。五是高层次人才严重不足，已成为影响重庆自主创新的极大障碍。

在经济发展新常态下，重庆唯有顺应时代发展大势和科技发展规律，把提升自主创新能力与提高产出效率和产业结构调整相结合，尽快形成产学研自主创新体制机制，才能将科技由第一生产力转化为第一竞争力，推动经济发展走上创新驱动的轨道。因此，重点应做好以下六个方面的工作：

一是提高科研经费的投入力度，为提高自主创新能力提供经济支撑。进一步明确政府、企业和金融机构在科研经费投入中的功能、重点方向，促进三方通过合理分工和协调配合提高投入资金的配置及利用效率。积极完善多元化的科技投入体系，特别是要调动个人、非营利性机构、公益性社会团体对科技研发投入的积极性。努力保持财政对科技投入的稳定增长，引导企业对科技的精准投入。推动科技金融手段与内容的创新，改革科技金融的管理体制，增强金融机构对科技创新的支持与服务功能。积极利用外部资金，通过开放与合作吸引国内外资金为科技创新提供支持。

二是加强人才对自主创新的支撑作用。为进一步调动科技人才从事创新活动的积极性和为之提供良好的载体与平台，重庆从科研项目立项、政策扶持、资金支持、科技团队建设、科研平台申请及科技成果奖励等方面为发挥在自主创新中的人才作用创造了一流的环境或提供了良好的条件，激发他们创造更多又快又好成果的主动性和积极性。

三是扩大对外开放，通过相互合作提升自主创新的能力。重庆必须站在制高点上，开阔视野，开展更宽领域和更深层次的国际科技合作与交流，在高起点上推进自主创新。

四是以企业研发投入、技术创新活动和创新成果应用为主，加快实现企业技术创新体系的目标。重庆全市半数以上的 R&D 支出、专利申请、研发机构均来自企业。为了促进企业提升创新能力，重庆市政府通过资金补助、股权投资基金、优惠政策等方式扶持规模企业创建工程中心和企业技术中心。以市场为导向，推动产学研协同创新和成果转化，创建科技资源共享机制，结成产业化战略联盟，实现利益共享、共同发展。发挥好民营科技企业在自主创新中的生力军作用，提高其承接在渝大专院校和科研院所原始创新成果的产业化任务。发挥重庆作为全国十大军工基地的优势，整合军民科技资源，促使军用技术民品化和民用技术军品化相互渗透从而提高自主创新能力。

五是启动建设国家自主创新示范区，为以科技创新支撑经济发展方式增添强势平台。2016 年 7 月，重庆的国家自主创新示范区得到国务院的批复同意，开始推进自主创新和高新技术产业发展的先行先试和经验探索。该国家自主创新示范区在安排重大项目、创新体制机制、先行先试政策等方面得到了国务院有关部门的积极支持。重庆也编制完成了建设实施方案，一方面，启动了科技体制综合改革、科技型中小企业综合信用融资担保体系建设等多项改革试点；另一方面，加强了科技型中小企业研发共享服务平台和高端研发平台等多项科技研发平台的建设工作。国家自主创新示范区在重庆的落户，为提升重庆自主创新能力增添了强势平台。

六是建立和完善自主创新的体制和机制。重庆已形成“科技管理体制、自主创新激励机制和运行机制”三位一体的自主创新的管理体制，并综合运用财政政策、税收政策和金融政策等激励企业自主创新。在财政政策上，政府推出了自主创新的减免税措施，制定了财政资金采购自主创新产品的订购制度，鼓励使用自主创新的新产品、新设备。在金融手段上，政府推动了一系列改革，鼓励国内外金融、非金融机构和企业来重庆开展风险投资业务，鼓励自主创新成果及时投入产业化运用。实施对发明创造、技术革新、技术推广、合理化建议者给予奖励等分配激励政策也有力地促进了自主创新，形成了让新智慧竞相迸发、创新成果大量涌现的新局面。

五、结构视野下增强科技创新对转变重庆经济发展方式的支撑能力

科技创新不仅能提高科技因素对经济增长的贡献率，还能通过影响生产要素质量、改变生产要素成本、改进生产组织方式等影响经济结构的调整与升级，从而为转变经济发展方式提供有力支撑。

（一）以科技创新促进重庆产业结构的调整与升级

当前，传统产业的粗放式发展和低水平重复建设，不仅引发产能过剩，加重大气污染、水污染和土壤污染，还暴露了产业发展面临的技术含量不高，技术瓶颈显著等问题。在经济步入新常态的新时期，必须依靠科技创新，降低对能源、资源和环境的消耗，走新型工业化的发展道路，实现与信息化带动工业化，促进经济的调整与升级。近年来，重庆大力促进科技创新，并通过促进孵化小微企业“规模化”，集聚科技型企业“多元化”，培育高新技术企业“体系化”，壮大龙头企业“示范化”推动了科技与产业的深度融合。在全球经济增长乏力、国内外环境复杂多变和全国工业经济下行压力较大的情况下依然保持稳定运行态势，并加快了产业结构调整和发展方式转变。

第一，重庆围绕节能环保、信息技术、智能制造、高端装备、新能源与新材料等代表未来发展方向的战略性新兴产业启动实施一批科技重大专项，已逐步培育出一批战略性新兴产业集群。

第二，在传统产业结构的调整方面，以笔记本为代表的新兴产业迅速崛起。当前，重庆电子信息、汽车两大支柱产业全面发力，已形成“5-6-860”的电子信息产业集群和“1-10-1000”的汽车产业集群，总产值占全市工业比重已提高到40.2%，对工业增长贡献率达63.4%。电子信息产业集群的兴起为以信息化带动工业化，实现传统产业升级奠定了良好的基础。相当一部分传统产业通过科技创新延长了产品的生命周期，增加了工艺、产品和组织管理的技术含量，增强了企业核心竞争力，使企业开始从“重庆制造”向“重庆创造”迈进。作为工业经济的运行支撑，重庆汽摩、电子、装备、化医、材料、

轻纺和能源“6+1”支柱产业的总产值均实现了较快增长。

第三，积极淘汰落后产能。重庆严格限制产能过剩行业的发展和对高耗能、高污染企业及项目的融资支持，重点遏制了建材、钢铁等六大高耗能行业的过快增长。“十二五”以来，重庆淘汰落后产能铁合金 33.9 万吨、水泥 1703.3 万吨、铅冶炼 19.3 万吨、焦炭 277.2 万吨、小火电 74.5 万千瓦时、造纸 44.26 万吨、印染 3700 万米，超额完成了国家下达给重庆淘汰落后产能的目标任务。通过淘汰落后产能，重庆在保持工业高速增长的同时，也实现了节能减排目标，在建成经济高地的同时也带来了蓝天白云和绿水青山。

第四，科学清理“僵尸企业”。“僵尸企业”是地方政府经济发展的沉重包袱，也是影响经济发展方式转变的重大障碍。针对“僵尸企业”，重庆确立了科学的“僵尸企业”清理方案：对可重组或稳步退出市场的，盘活沉淀的贷款；对已处于停产或半停产状态、严重亏损、资不抵债、必须破产清算的“僵尸企业”，稳妥有序地推动其实施资产重组或退出市场，防止“僵尸企业”因苟延残喘而导致资源错配与低效利用。特别值得一提的是，为防止因资产处置不当而引发新的风险，重庆深化科技金融改革，创新性地利用“投资银行”功能，通过先出资搬迁，再购入搬迁企业在主城区内的土地，并通过土地整治盈利的方式，在资金并不宽裕的情况下推动了主城区内多个大型污染企业实行环保搬迁。

第五，加快发展第三产业。以科技创新不仅支撑现代金融业与服务业迅速发展，也促进了以现代信息技术为支撑的跨境电子商务、大数据云计算、跨境结算等服务手段的现代化。当前，重庆三次产业占比为 7.4∶45.8∶46.8，已形成了“三二一”的产业发展格局。

（二）以科技创新促进重庆城乡结构的调整与升级

重庆是集大城市、大农村、大库区、大山区和民族地区于一体的直辖市，城乡的不均衡发展是制约重庆科技发展的最大短板。重庆有 90%的直接从事科技活动的人员居住在主城区，其余 10% 分布在较为边远的山区或库区。已建立的科技创新平台、已获批的科技项目也主要集中在主城区。要真正解决科技与经济融合的区域平衡发展问题，需要把科技资源引入广袤的农村和区县，增强农业产业和乡镇企业的自我发展能力。通过多年的改革与实践推动，重庆在以科技促进城乡结构的调整与升级方面主要积累了以下经验：

一是实施科技特派员制度，推动带着资金与技术的科技人员“下乡、入园、进企”以增强区县科技创新实力。

二是推进金融服务创新，提高农村科技创新的融资能力。例如，开展农民住房财产权抵押贷款和农村土地承包经营权抵押贷款试点。

三是统筹新型城镇化与农业现代化，运用现代科技手段提高城乡要素配置效率，有序推进农业人口就地市民化转移。

四是抓住“互联网+”发展的机遇，促进信息化与农业深度融合。大力发展农产品、农业生产资料、农民生活日用品的电子商务，优化农村电商的运营模式，开拓农场直供、农超对接、农产品集市、社区农业等多条农产品供应渠道，完善“基地+城市社区”“批发市场+宅配”等农产品配送模式。

（三）以科技创新促进重庆要素结构的调整与升级

近年来，重庆通过大力促进科技创新活动，极大地改善了生产要素质量，无论是要素对经济增长的贡献度，还是全要素生产率都得到极大提高。2015年，重庆的综合科技进步水平指数已列全国第八位，创历史最高水平。市政府不断加大对创新的金融支持力度和深化科技金融改革。特别是，在通过创业投资引导基金培育和引导科技型企业的发展方面，种子投资、天使投资、风险投资分别满足了科技型企业在种子期、初创期、成长期不同发展阶段的融资需求，用于科技创新的资金规模迅速扩大、投资项目迅速增多，极大地提高了资金对经济增长的贡献率。随着这些新创企业的发展壮大，必将对产业结构调整与升级产生深远影响，从而推动经济发展方式转变取得新突破。

六、改善创新资源支持条件，增强转变重庆经济发展方式的支撑能力

（一）加强科技人才队伍建设

人才是科技创新之本，人才兴则科技创新后劲强。重庆市委、市政府历来

高度重视科技人才队伍建设，不仅引进与培养高端科技创新人才，通过建立高质量的人才培训基地加强对先进适用科技人员的培训，也重视加大对科技创新人才的支持和奖励力度以有效激发科技人才的创新积极性。

一是重视科技创新人才的引进与培养。重庆以更加开放的姿态，着眼于全球视野以“高、精、尖、缺”为导向，加快引进海内外优秀科技人才来渝落户，并自主培养出上万名高技术顶尖人才。“两江学者计划”“巴渝人才双千计划”和“杰出青年科学基金计划”的先后启动，也进一步完善了阶梯式顶尖人才后备军的培养体系。作为吸引海外人才和团队的主要机构，重庆本土的一些高校、科研院所和企业也大力提高了专门针对海外高层次人才、项目和团队的服务能力和水平。

二是建立高质量的企业技术人才培训基地。针对重庆领军人才总量偏少，科技人才队伍大而不强，高技能人才、创新型企业家群体稀缺的情况，重庆建设了一批高质量的企业技术人才培训基地。通过有计划地对企业家进行领导与发展能力培训，或对企业高技能人才和技术骨干进行专业技能更新与提升培训，企业的科技攻关水平和创新能力不断得以提升，技术、工艺和产品得以有效改进，产品研发能力和新成果市场转化能力得以不断增强，为企业通过创新形成核心竞争力并最终赢得市场认可奠定了良好的基础。

三是以加强农业先进实用科技人才培训为抓手推动“科技兴农”和“科技惠农”。尽管农业在经济体系中占有重要地位，但重庆无论是绿色食品生产企业，还是农业产品，总体数量都偏少；农产品生产与加工的技术含量不高，品牌不精、深加工意识不强等问题仍然存在。究其原因，主要是一般农技人员文化层次不高，高级农业科技人员数量较少，农业科技人员技术水平偏低、创新意识和能力都有所欠缺。为此，政府管理部门以新农村建设为契机，与涉农专业的大学和科研院所联系组织了一大批理论知识深厚、技术精良、实战经验丰富的专家队伍深入农村第一线对农业技术人员或农民予以精心指导或对之进行技术培训。通过学习，农业技术人员或农民的科技素质得到较大提升，打造品牌、创新品种、农产品深加工能力得以增强，一大批经济见效快、效益好、附加值高的农业项目应运而生，农产品的核心竞争力不断增强。

四是加大对科技创新人才的支持和奖励力度。重庆高度重视营造人才干事业、激励人才干成事业的氛围。一方面，重庆不断优化人才政策和适用环境，大力加强对科技创新队伍的引进与培养力度。每年在全球遴选和吸引拔尖高层次人才入渝，并投入数千万元重点培养各项先进科技的领军人物，支持青年科技人才开展基础研究。另一方面，对于在科技创新活动中取得突出贡献的成果，政府也对科技创新团队和相关人员予以重奖，以激发他们的创新内在动力和潜能。

（二）大力发展科技资源平台

重庆着力于科技资源共享、科技要素服务、科技成果转化等关键环节大力搭建科技资源创新平台，以平台整合信息、汇聚资源、提升综合服务水平、系统促进科技成果转化，有力地夯实了科技创新的支撑条件。经过不断努力，重庆已形成了“线上网络平台、线下服务载体、专业服务机构、政策制度安排”四位一体的科技资源共享服务体系，实现了在仪器设备、科技人才、科技成果、研发基地、专利信息、众创空间和科学普及方面的资源与信息共享。并且，随着区县科技资源共享分中心的不断加入和科普网、科技呼叫中心等共享载体的进一步完善，科技资源共享的社会惠及面进一步扩大，有力地解决了市内科技从业人员从事科技创新活动面临的找资源、选资源、用资源难题。涵盖研发众包、成果交易、转化众筹、技术评估、技术路演、知识产权、众创空间的科技成果交易服务平台的建立，有效地推进了科技服务集成化、科技资源商品化、科技交易市场化和科技成果产业化。借助高交会、军博会、科技成果转化中心、科技企业孵化器、生产力促进中心、两江新区世纪创新创业城、众创空间等科技成果转化平台，重庆科技与经济融合发展的能力进一步增强，科技成果的转化效率稳步提升，为建设创新型城市和促进经济发展方式转变奠定了良好的基础。

（三）健全知识产权保护体系

保护知识产权是增强创新动力、实施创新驱动发展战略的重要制度前提。重庆先后颁布了《关于新形势下加快知识产权强市建设的实施意见》《重庆市建设支撑型知识产权强市实施方案》等文件，加强了知识产权顶层设计。通过综合采取强化知识产权保护宣传教育、推动知识产权制度和能力建设、深化知识产权综合管理服务改革、简化工作程序、积极开展知识产权国际合作等手段，重庆极大地调动了专利申请的积极性，增强了专利保护意识和运用专利战略的能力。通过健全市、区县两级专利行政执法体系，海关加强监管、严惩侵权盗版行为、严厉打击知识产权犯罪、加强知识产权案件受理力度等一系列措施，重庆较好地遏制了各种侵权行为。通过加快知识产权快速维权中心落户、深入开展商标富农行动、运用第三方大数据分析、加强网络版权监管平台等措施，重庆知识产权的保护能力大大提升。经过努力，重庆每年专利授权件数、每万人口发明专利拥有件数，新增注册商标数、新增驰名商标数、新增地理标志数，新制修订国际标准、国家标准、行业标准及地方标准数，都在稳定地增加，已处于西部省市领先水平和全国靠前水平。

（四）创新科技投融资模式

重庆大力推进科技金融管理改革，已构建起“投、保、贷”一体化的科技投融资体系，不仅较好地解决了创业者受制于资本不足的困扰，也通过对符合未来发展趋势或有利于引领新兴产业项目的投资，推动着经济结构转型与升级，并进一步促进经济发展方式的转变。

第一，在投资体系建设方面，重庆设立了创业种子投资、天使投资、风险投资三类产业引导基金，培育和完善了包括股权投资、债权融资和众筹募资的科技创投体系，政府直接参股形成的创投基金规模及其所引导形成的社会创投资本规模达数百亿元。市科风投和天使基金也正通过股权投资把更多的科技型企业推上创业板。

第二，在担保体系建设方面，重庆成立了科技担保公司和科技创新金融服务联盟，不断创新科技金融服务产品，特别是针对科技中小型企业存在的抵押物不足、知识产权难以抵押贷款等问题开发新型的质押贷款方式，有效地解决了创业者面临的“融资难、融资贵”问题。

第三，在保险体系建设方面，重庆出台了吸引科技企业参加科技保险补贴的管理办法，引导高新技术企业积极参加科技保险，以有效分散和化解创新风险及担保机构承担的风险。

七、着力于科技成果转化，提升重庆转变经济发展方式的支撑能力

科技和经济相互依存、相互渗透的最重要结合点是科技成果转化。科技成果转化率已成为衡量科技创新支撑经济发展方式转变成效的重要指标之一。

“十三五”期间，重庆把“科技信息共享化、科技服务集成化、科技交易市场化、科技资源商品化、科技成果产业化”作为有效促进技术转移和成果转化的工作主线，力争显著提高各创新主体的成果转化能力，健全交易的市场化体系，拓展成果转化载体、壮大专业人才队伍、优化制度环境，基本形成“以平台为依托实现成果对接、以评估为手段降低转化风险、以交易为中心推动成果转化、以市场为纽带兑现成果价值”的科技成果转化路径。

第一，以平台为依托实现成果对接。完善科技成果信息的开放与共享机制，提供信息查询、筛选、获取、交易等公益服务或增值服务。抓住“互联网+”的发展机遇，积极打造科技服务云平台，培育和完善线上线下相结合的技术交易市场，助推优质技术成果和服务的安全交易和有效转化。创新科技成果转化的服务模式，集成化地提供信息展示、科技决策咨询、技术指标评估、技术市场交易、产品检验检测、知识产权、质押融资、创业投资等专业化服务。运用大数据分析实现用户细分和技术供需信息的精准投送，提升科技成果的对接效率。支持由重点产业、企业或领域牵头建设共性技术创新平台，全程提供技术研发解决方案，加快科技成果转移转化。

第二，以评估为手段降低转化风险。完善科技项目与成果的评价体系，通过广泛调研与专家研讨形成一套具有较高共识度的系统评估方法、模式和工作流程。通过开展项目立项、成果评价、价值评估、投融资可行性分析与绩效评估等专业化服务合理防范或降低技术转移风险，提高技术转移的成功率和转化效益。将风险评估与科技金融创新结合起来，积极探索知识产权质押融资的可行性操作方案，有效激发科技创新动力和提高成果转化的效率。

第三，以交易为中心推动成果转化。坚持需求导向，积极发展线下科技成果转化平台，积极推动组建知识产权交易市场，逐步形成以市场为导向、交易

为中心、监管为保障的知识产权交易市场体系。积极发展多层次、多渠道和多模式技术转移服务联盟，如中非国际技术转移中心、重庆技术转移战略联盟等，服务于联盟成员的技术和项目转移。进一步整合科技成果、人才、服务和资本资源，提高资源的配置与利用效率；理顺知识产权、技术转移、金融支持、产权变更、税收减免等服务流程、规范与标准，持续推进创新技术和项目在重庆实现转移和转化。进一步完善科技孵化服务体系，完善国家自主创新示范区的体制机制，完善"园区+孵化器"的科技创新研发与转化模式，有针对性地引导和促进科技成果与特色产业实现对接，培育科技成果产业化基地。

第四，以市场为纽带兑现成果价值。坚持市场导向，突出科技成果转化价值的最大化目标，为平台服务对象推送项目，促成科研项目合作。重庆围绕大学科技园、长寿化工园、西永微电子工业园、重庆军转民技术产业基地等建立了多个产、学、研合作组织。以长寿化工园区为载体加强与英国、德国、日本等国外企业和研究机构的技术合作，依托川维、扬子乙酰等大型企业大力发展天然气化工产业。依托重庆科技服务云平台，实现国内外技术成果多模式的展示和互动交流，组织开展各类科技创新服务活动，支持技术成果共享和推广，使之取得显著的经济效益和社会效益。

八、重庆提升科技研究开发能力及绩效的制度支持

提升研究开发能力（以下简称研发能力）对于增强一国经济发展后劲，实现向创新驱动经济发展方式转变的重要性和紧迫性，已在学术界、决策层和企业界达成高度共识。在实践层面，近年来各经济行为主体为提升研发能力确实作了不少卓有成效的探索，取得了丰硕的成果与宝贵的经验。但是，由于影响研发能力的诸多方面，如动力、平台、人才和要素等，不完全能由各经济行为主体控制和掌握，特别是研发的不确定性、巨大外部性、高度协同性，很大程度上降低了单个经济行为主体从事研发活动的积极性。因此，政府从宏观与微观两个层面针对提升研发能力出台一系列政策，对于改善研发条件、调动研发动力、增强研发能力、提升研发绩效作用明显、意义重大。有鉴于此，学术界将政府的制度支持视为提升科技研发能力的关键环节之一。我们从经验研究

角度，对重庆提升科技研发能力及绩效的制度支持进行分析和总结，并针对存在的突出问题提出相应的政策建议。

（一）重庆提升科技研究开发能力及绩效的制度支持

重庆高度重视提升科技研发能力。直辖以来，重庆市委、市政府先后出台了《关于加快研究开发资源共享成果转化三大科技平台建设的意见》《中共重庆市委重庆市人民政府关于实施中长期科技规划纲要建设学习型社会和创新型城市的决定》《重庆市中长期科学和技术发展规划纲要（2006—2020年）》《重庆市国民经济和社会发展第十一个五年规划科学和技术发展重点专项规划》《重庆市自主创新基础能力建设五年规划》《重庆市人民政府关于鼓励企业加大研发投入提高自主创新能力的意见》《重庆市研究开发平台建设规划（2008—2012年）》《中共重庆市委重庆市人民政府关于实施创新驱动战略加快建设长江上游技术创新中心的意见》《重庆市科技创新促进条例》等文件。在一系列已出台的科技发展规划、文件和各种科技专项扶持政策中，均涉及如何提升科技研究开发能力的内容。分析这些资料，可以看出，重庆提升科技研究开发能力及绩效的制度支持主要有以下一些特征：

一是扶持的力度大。早在“十一五”初期，重庆市委市政府在一系列科技创新规划与文件中提出有关提升研发能力的发展目标。如到2007年使R&D经费占GDP的比重力争达到1.5%以上；到2010年，R&D经费占GDP的比重力争达到1.7%以上，全市高新技术产品产值占工业总产值的比重达到30%，工业新产品产值率达到20%以上，区域科技创新能力力争进入全国排位前10名。同时，政府多次强调要保证全市财政科技投入的年增长幅度要高于财政经常性收入的增幅。

二是扶持的范围广，涉及科技研究开发的诸多关键环节。扶持的范围比较全面，既涉及研发资源要素，如设备、人才、资金渠道；也涉及研发条件，如实验室、工程中心和研发设备等；还涉及运行机制，如协同创新、资源共享平台等。

三是政策工具多，每项政策工具的扶持方式也多。从研发政策扶持的手段上看，主要有科技支持计划与规划、财政支持、税收优惠、金融扶持、科技奖励、知识产权和其他支持性制度。不仅这些政策工具齐全，形成较完善的政策扶持体系，每项政策工具的扶持方式也多，可更加高效、灵活地为各类创新主体进行相应的研发活动寻找到适当政策利用的途径。例如，仅涉及科技研发创新的金融扶持方式包括高新技术领域软贷款、高新技术企业发展特别融资账户、高新技术企业保险服务、加强中小企业信用担保体系建设相关政策、出口信用保险、科技风险补助、科技贷款贴息、科技保险补贴、知识产权质押贷款贴息、商业银行支持政策、支持国家重大科技项目政策性金融政策 11 项政策。

四是政策创新多。如重庆出台的高新技术企业和国家级创新型企业所得税地方留成部分 50%的财政奖励，新产品增值税地方留成部分 60%的财政奖励，高新技术企业生产性用房和科研机构科研用房城市建设配套费减免，职务成果转化 20%~70%的股权和分红激励，科研项目人力资源费 30%~60%的补助等若干政策属于全国首创，已成为促进研发活动、推动研发成果转化和改善研发条件及环境的重要政策。

五是注重研发能力提升与经济可持续发展的相互融合。近年来，重庆科技进步对经济增长的贡献率、规模以上企业新产品产值比例，全员劳动生产率，名牌产品数量等都稳步提升。这与市委、市政府积极推动科技研发成果的转化运用紧密相关。

在这一系列政策扶持下，近年来重庆无论是在科技研发投入、产出绩效，还是在研发平台建设、研发条件改善、研究基础设施等方面都取得明显效果，科技创新能力显著提升，为重庆建成长江上游科技中心和高新技术产业高地、在西部地区率先建成小康社会和建设创新型城市提供了有力支撑。

（二）重庆提升科技研究开发能力及绩效的制度支持急需改进的问题

对比重庆提升研发能力的历史和其他城市提升研发能力的经验，依据实现创新驱动经济发展方式和建立创新型城市的内在要求，我们认为，在新时期发展的新阶段，重庆提升科技研究开发能力及绩效的制度支持还存在以下一些急需改进的问题：

一是尽管重庆市委、市政府对科技工作有较系统的规划，并出台若干专项扶持政策。研发能力作为其中的一项重要内容散见于这些文件中。但到目前为止，针对研发能力的提升还没有一个较系统的规划来引导财政、金融、税收和人才培养等政策的导向，确保研发优先发展领域、方向，解决好影响研发能力提升的“瓶颈”问题，实现全市范围研发资源的优化配置和资源共享，特别是促进优势产业的研发朝密集化方向发展。

二是研发资源条件与基础设施总体上离实现创新驱动经济发展、建设创新型城市还存在一定的差距。例如，近年来，重庆的科技资源条件和自主创新能力有了明显改善，但与全国同等发达地区相比还有较大差距。特别是国家级重点实验室、工程中心、高水平领军人才（如两院院士）的总体数量偏少，世界 500 强企业的研发中心在重庆落户的很少，重庆主导与优势产业拥有自己研发中心的比例不高。

三是研发运行机制还存在一定的困难和问题。例如，产学研平台持久运行机制尚有不少需要改进的地方；研发资源的共享，尤其是数据、信息、人才的共享做得还不到位；重点实验室和工程技术中心的开放度不够等。这些问题的存在，使更高效整合与利用重庆有限的科技研发资源进行研发，提升研发绩效受到严重影响。

四是研发激励政策的配套和互补性功能还需要进一步增强。研发激励政策涉及的范围多、手段多。更好地调动各研发主体从事研发活动的积极性、需要有效协调各项政策工具的功能和支持范围，以便更有效地配置与利用有限的研发资源方面的激励政策出台数量不多、力度还需加大。

五是更好地以研发能力提升促进科技与经济融合发展的政策措施还需要进一步细化和完善。例如，如何促进研发成果的转化以便更好支撑优势主导产业的发展和战略性新兴产业的培育，还需要进一步细化扶持方向、重点项目和具体举措。

（三）增强重庆提升科技研究开发能力及绩效制度支持政策建议

科技政策工具是增强重庆提升科技研究开发能力及绩效的有力手段。其重点主要在于着力在宏观上解决好导向与布局问题，在微观上解决好资源配置与研发动力问题，在运行上解决好体制机制问题，在政策体系上增强系统性、互补性与配套性问题。针对前面分析的现状和急需改进的问题，对重庆提升科技研究开发能力及绩效的政策提出以下六条建议：

第一，由市政府牵头，协调相关单位制定旨在提升重庆科技研究开发能力及绩效的专项发展规划。对重庆研发能力提升的目标、空间分布、产业布局、重大专项工作、要素支撑、运行机制等做统筹安排，避免研究开发资源的低效或重复配置，提高资源利用效率，引导各经济行为主体把精力、资源和研发投入的重点集中到符合重庆发展战略目标和重点发展的方向上来。

第二，建议出台重庆提升科技研究开发能力及绩效的专项扶持文件。研究开发能力是提高创新能力、建设创新型城市的关键环节之一。截至目前，还没有专门针对提升科技研究开发能力的专项扶持文件出台。建议出台一项文件，将先前散见于各文件的一些政策扶持措施整合到一项专门文件中。其目的，一是使各从事研究开发活动的经济行为主体能够较准确和清楚地了解政府对研究开发活动的系统性支持政策，从而调动他们从事研究开发活动的积极性与主动性；二是引导各经济行为主体将自我的研究开发行动融入实现重庆经济社会发展总体目标中去，促进更多高质量研发成果的产生。

第三，出台一些重点解决影响提升重庆科技研发能力及绩效在运行机制方面的“瓶颈”问题或深层次难题的专项支持政策。例如，针对现代研发工作所需科技的复杂性，促进研究开发资源共享是提升研发绩效的重要途径。尽管2004年重庆已出台了《关于加快研究开发资源共享成果转化三大科技平台建设的意见》，以产学研研发平台促进协同创新能力也在近年得到市委、市政府的大力支持。然而，在实际经济运行中效果并不显著，各经济行为主体对参加协同创新、推动研发资源共享还没表现出应有的积极性。为此，可结合重庆各类研发资源的特点，有针对性地出台促进研发资源共享的文件，确保在不同部门、地方和单位间实现共享科技研发条件资源，充分运用信息、网络等现代技术，对市内研发资源进行战略重组和系统优化，促进全社会科技研发资源高效配置和综合集成，提高科技研发创新能力。

第四，更加重视加大科技研发基础条件改善的激励政策出台。重庆市委、市政府高度重视研发基础条件的改善。针对国家级重点实验室、工程中心、高水平领军人才（如两院院士）的总体数量偏少，世界500强企业的研发中心在重庆落户的很少等对重庆提升研发能力造成的制约，要进一步加大这方面的激励政策，特别是一些灵活与柔性“借智工程”激励政策的出台。如进一步加大政策支持力度，推动更多“院士工作站”、“国际联合研究平台”、世界500强企业研究分支机构和技术开发中心在重庆落户，以解决短期重庆科技研发资源紧张的问题。

第五，着力解决好提升研发能力与绩效的系统性、互补性与配套性问题，有效提升政策的总体执行效果。研发能力提升涉及的经济主体多，政策工具多，关键环节多，研发成果体现多。为避免政出多头、相互牵扯，提高政策的执行效果，特别需要解决好提升研发能力与绩效的系统性与配套性问题。以政策工具为例，可更好地协调财政政策与金融政策对科技研发的支持方向和工作重点，使之既可以各有侧重，又能通过功能互补整体提升研发能力。政府财政政策，一方面侧重通过政府加大对科技的直接投入和出台优惠税收政策重点扶持基础研究、国防安全与公共利益需要的R&D、为提高国家核心竞争力的公用技术和关键技术的R&D，另一方面侧重加大科技基础设施建设的投入。金融扶持政策科技金融政策作为财政政策的补充，侧重于推进产业研发深度，在加速科研成果转化的过程中发挥着积极作用。

第六，更加着力于促进研发激励政策与经济发展政策的互补，更好地落实国家科技工作方针，促进科技与经济融合发展。如重庆在走新型工业化的道路上，应加大鼓励七大战略性新兴产业加大研发投入、扶持这些产业建立瞄准世界技术前沿单独或联合建立研发实验室、工程技术中心，提高高新技术产品的开发率和创新产品在企业产值中的比例。鼓励民营企业加强技术革新研发，对其开发与改进的新产品、特色产品、名牌产品在财政补贴、税收优惠以及专利申请方面给予更大力度的倾斜。

第十四章　研究结论

通过上述分析，我们主要得到以下一些研究结论：

西方经典理论并没有打开“科技创新”与“转变经济发展方式”的“黑箱”，甚至没有出现“科技创新”与“转变经济发展方式”概念的直接表述和两者之间逻辑关系的探索。但是，西方学者围绕科技进步、创新对经济增长贡献的研究为我国进一步深入研究科技创新支撑加快经济发展方式转变奠定了良好的基础。

国内直接以“科技创新与经济发展方式转变”为主题的研究处于起步阶段，文献较少，且研究内容集中于各地经验总结和对策分析；研究方式多停留在概念层面，实证分析匮乏；研究范围和分析逻辑还需进一步界定和梳理，研究的规范性和科学性还需进一步提升。

“科技创新”与“转变经济发展方式”均是从中国改革开放实践层面提出的新兴词汇。提高科技创新对经济发展的支撑力和贡献度不仅是以科技创新促进经济发展方式转变的核心，也是经济新常态下实现经济持续增长的最根本动力。

从科技创新的动态实现过程看，新古典经济学关于经济增长的技术进步传导机制和创新学派关于创新过程模型的探索，可为我们进一步探讨转变经济发展方式的科技创新支撑机制提供有益的启示。

以科技创新支撑经济发展方式转变的动态实现过程包括创造新产品、新发明和新工艺，把新产品、新发明和新工艺转化为商业应用，将创新成果扩散到整个经济社会三个阶段。其评价绩效主要体现在促进经济结构优化升级或提高科技创新对经济增长的贡献率，实现之需重点抓好发明、创新和技术进步促进经济增长的动力源泉、创新成果的扩散与转移、创新实现的传导机制，创新绩效评价几个关键环节。

发明、创新和技术进步的扩散与转移不仅能提高经济增长效率，也能推进技术进步和经济结构调整。

自新中国成立伊始，中国共产党各代领导集体均高度重视经济发展中的科技作用，对科技与经济的融合发展及科技发展在国民经济中战略地位的认识不断深化，并将之不断落实到推进中国社会主义现代化建设的伟大事业中。第一代领导集体将科学技术纳入中国现代化的历史使命；第二代领导集体提出科学技术是第一生产力的重要论断；第三代领导集体使科教兴国战略与科技的重点由进步走向创新；第四代领导集体提出建设创新型国家和实施创新驱动；第五代领导集体把创新摆在国家发展全局的核心位置。

从语义上讲，科技创新包括科学、技术、创新三重含义，涉及知识创新、技术创新以及现代科技引领的管理创新三种类型。自 20 世纪 70 年代以来，科技创新表现出网络化、全球化、系统化和协同性的新特性，成为转变经济发展方式的应有之义和重要手段。

以科技创新作为原因、转变经济发展方式作为结果所构造的因果体系、作用方式及其功能便构成科技创新促进经济发展方式转变的支撑机制。该支撑机制主要由科技创新动力机制、科技创新促进经济发展方式转变的传导机制、科技平台支撑机制、科技资源要素支撑机制、绩效评价机制和保障机制组成。

以科技创新支撑经济发展方式转变的绩效评价的主要要素包括五个方面：一是评估指标体系；二是指标评价标准；三是指标权重；四是综合评分方法；五是数据采集方法。

科技创新支撑经济发展方式转变的绩效一方面取决于各经济行为主体科技创新动力是否充足，另一方面则取决于机制设计是否合理。

经济行为主体科技创新动力不足的原因：一是缺乏知识与技术价值评定的相对客观和被高度认可的标准；二是知识与技术不同变现途径的价值评判难以精确量化；三是知识与技术的价值与市场绩效的相关度难以界定。

增强旨在促进经济发展方式转变的科技创新动力：一是增强科技创新的紧

迫感；二是以产学研联盟为载体，加强企业、高校与科研院所的协同创新；三是强化战略科技力量建设夯实产业发展与科技进步的支持实力；四是在增强企业自主创新能力中寻求推动转变企业经济发展方式的内驱力；五是在完善激励和导向政策过程中科技创新的动力；六是加强创新创业人才引进与培养，调动其创新意识和积极性，发挥支撑作用；七是以创新文化建设和完善创新生态环境，激发创新活力。

从产业链视角审视，科技创新转换为现实生产力、推动经济发展方式转变的实现会依次经过研发、技术转移、试产与量产几个阶段；科技创新支撑转变经济发展方式的绩效体现在科技创新驱动要素产出效率提高以及科技创新驱动经济结构的调整与升级。

转变经济发展方式的总体历史轨迹是实现要素驱动型经济向创新驱动型经济转变。科技创新促进转变经济发展方式的支撑机制设计涵盖发明、创新和成果转化三个环节。科技创新以知识、技术和管理三种类型或独立或联合通过以下途径促进转变经济发展方式。路径一是通过渗透到其他生产要素中，提高生产要素的“有效性”促进生产率增长，从而提高科技进步对经济增长的贡献率；路径二是将科技创新链与产业链的发展融合起来，体现了科技上的研发成果如何作为一个实体性要素推动新产品、新产业的发展，从而推动产业结构调整；路径三是通过管理创新来提高全要素生产率，促进经济发展方式转变。

作为支撑全社会从事创新活动的重要载体和核心力量，科技创新平台是创新能力建设的重要内容，是实现创新驱动发展战略的基础条件。将以科技创新夯实加快转变经济发展方式支撑力的思路落实到位，关键要构建一个层次分明、分工合理和较为全面的科技创新平台体系。这一创新平台体系具体由创新型组织的创新平台、公共研发平台和公共服务平台构成。

在支撑科技创新的各类要素中，最关键取决于人才、资金、企业家及其创新才能与精神、科学仪器设备、文化和制度要素。

通过增强研发能力促进企业科技创新和实现经济发展方式转变的两个关键环节是增强研发的动力和能力，以及提高其成果的传播与转化效率。提高企业研发动力需要增加研发投入以及成立和完善研发机构；提升企业研发能力在成果上主要表现为不断产生新技术与新产品。研发成果的传播与转化过程是主要从基于知识角度向基于商业角度推进科技研发的转变过程，是进一步促进科技与经济融合，实现研发与创新的经济效益和社会效益，推进产业技术进步和经济结构调整，从而促进经济发展方式转变的过程。

我国提升研发平台能力需构建“布局合理、设备先进、开放共享、运行高效”的研发平台体系，其具体对策包括：以统筹规划与优化布局为核心，提升研发平台的系统创新能力；以深化产学研合作为核心，提升研发平台的运行能力；以结构优化与示范提升互促，提升研发平台的持续创新能力；以完善体制机制改革为核心，提升研发平台汇聚资源的能力。

打通科技与经济之间的桥梁在于促进科技成果的转化。推动科技成果转化是以产业为中心、以企业为主体构建创新链，通过连接科研单位和用户群体打通科技创新成果转化“最后一公里”的关键环节。科技成果转化率的高低将直接影响科技创新促进经济发展方式转变的支撑绩效好坏。

以科技创新支撑经济发展方式转变要重视科技创新对经济结构调整与升级的促进作用。从产业结构审视科技创新对经济发展方式转变的支撑力，关键环节在于走新型工业化道路，实现科技与经济的融合发展。从区域视角把科技创新与转变经济发展方式联系起来的关键纽带是区域科技创新。从城乡视角加强科技创新对转变经济发展方式的支撑力要以科技创新引导社会主义新农村建设、加速城乡产业结构的优化升级、提高城市第三产业发展水平、大力发展城镇经济。

科技创新之于产业发展的结果还体现在产业发展的现代性上；产业体系的优化与升级是结构视野下经济发展方式转变的另一结果的重要体现。产业体系的“现代性”特征包括：更加注重产业联动发展；更加关注产城互动；更加注重战略性新兴产业的培育与发展；更加强调产业发展的绿色低碳和民生导向。促进现代产业体系的平衡、协调与可持续发展：一是在产业发展类型上，更加重视平衡好主导或支柱产业与战略性新兴产业的发展；二是在发展动力上，更加注重科技创新与产业化融合和现代产业体系的平衡、协调与可持续发展；三是在产出成果的体现上，更加重视平衡好现有产品制造能力、新产品开发能力、品牌创建能力；四是在生产力空间布局上，更加重视产业群与产业区的平衡发展；五是在推进方式上，更加重视促进“示范提升工程”和“结构优化工程”的良性互动。

从宏观动态角度看，以科技创新支撑加快转变经济发展方式主要是增强科技创新能力，通过提高科技成果转化率和商业化运用传导到经济体系，促成经济发展方式转变的过程，因而指标体系的构建主要是采取已转化科技成果投入—经济效果产出体系。转变经济发展方式在成果上主要体现为生产效率提高和经济结构优化，因而经济效果产出指标主要选择与转变经济发展方式密切相关的生产效率和经济结构指标。增强科技创新能力又可分为增强科技资源基础条件支持，提高科技资源投入—产出水平两个环节。联结科技创新与转变经济发展方式的重要性中间环节是科技成果转化水平。基于上述分析，系统的以科技创新夯实加快转变经济发展方式支撑力的评价体系可由科技创新能力指标体系、科技成果转化指标体系和科技创新促进经济发展方式转变指标体系构成。微观视野下的科技创新支撑转变经济发展方式的绩效评价，可分别从三大创新主体——企业、高校和科研院所分别构建。

推进加快转变经济发展方式科技支撑力的综合配套改革：一是构建科技创新的“协同治理”新模式，进一步理顺科技创新管理体制；二是推进政府管理体制改革，处理好政府和市场的关系；三是推进提升企业创新能力的改革；四是改进专利制度，完善知识产权保护；五是加强财政政策改革；六是夯实税收政策；七是加快金融改革。